Dr. J. Vázquez Gallego

Dr. A. Jauregi Crespo

MASAJE TRANSVERSO PROFUNDO

MASAJE DE CYRIAX

Espejo, 2 28013-Madrid
I.S.B.N.: 84-88769-19-2
Depósito Legal: M-17897-1994
Diseño de portada: mo
Imprime: Queimada
Producción: Mandala Ediciones

Autores

Dr. JESUS VAZQUEZ GALLEGO

Especialista en Rehabilitación, Traumatología y Ortopedia.
Jefe del Servicio de Rehabilitación Hospital Xeral do SERGAS. Lugo.
Colaborador del C.O.E. en Cursos de Medicina Deportiva y Masaje Deportivo.
Director de la Escuela Universitaria de Enfermería de Lugo.
Presidente de la Asociación Gallega de Medicina Deportiva (AGAMEDE).
Médico Olímpico Barcelona 92

Dr. ANDONI JAUREGI CRESPO

Presidente Asociación Euskadi de Masaje del Deporte.
Jefe de los Servicios Médicos del Equipo Ciclista Profesional EUSKADI.
Colaborador del C.O.E. en Cursos de Medicina Deportiva y Masaje del Deporte.

Colaboradores

Sta. CARMEN PRADO VAZQUEZ.

Dibujos. Coordinación y composición de la obra.

Sr. CARLOS FRONTAURA. D.U.E.

Profesor de Osteopatía. Colaborador del C.O.E. Masaje del Deporte.

Sta. TERESA PEÑA.

Masajista del Equipo Olímpico Masculino de Voleibol. Colaboradora del C.O.E. Curso de Masaje del Deporte.

Prólogo

Profesor PEDRO GUILLEN GARCIA

Jefe de los Servicios Médicos de la Organización Territorial de FREMAP.
Director Médico de la Clínica FREMAP de Majadahonda. MADRID.
Profesor titular de la Cátedra de Anatomía de la Facultad de Medicina. Universidad Complutense de Madrid.

Agradecimientos

Al resto de personas que de una y otra forma han colaborado en la realización de la obra: Dra. Solana (esquemas), Sres. J. Manuel Ramiro y Agustín Cabado (Informática), Sta. María Expósito (quiromasajista), Sres. Julio Ceide y J. Manuel Fidalgo (fotógrafos) y a los modelos culturistas: Delio Pin, Angel Sánchez Mouriz y Alejandro Cordero Fernández.
A los compañeros médicos y fisioterapeutas que han enriquecido la obra con sus acertadas opiniones sobre la F.T.P. de Cyriax.

Agradecimiento

A la Sta. Lourdes Argote, discípula del Dr. James Cyriax, por hacernos entender su filosofía del trabajo basado ante todo en la lógica, por encima de creencias y costumbres. Por ayudarnos a trabajar con rigor, observación y deducción.

Gracias a sus enseñanzas surge esta publicación que esperamos sea de interés para todos los profesionales que trabajan en el diagnóstico y tratamiento de las lesiones del tejido blando (Sistema Neuro-Músculo-Esquelético).

Hemos querido ser fieles al Dr. James Cyriax en cuanto a su argumentación teórica, y sobre todo a su descripción de la técnica del Masaje Transverso Profundo. Diferenciar así, el Masaje de Cyriax en otras formas de aplicación de Fricciones y/o Movilizaciones Manuales, que puedan confundirse en su denominación y forma de aplicación a la Fricción Profunda.

Dr. Andoni Jauregi y Dr. Jesús Vázquez Gallego

INDICE

PROLOGO

No es la primera vez que el Prof. Dr. D. Jesús Vázquez Gallego, se asoma a la literatura médica, concretamente a la rehabilitadora, con tratados sobre el masaje, ya que lo hizo en dos ocasiones anteriormente, con gran éxito («MASAJE TERAPEUTICO Y DEPORTIVO» uno y «MASAJE DRENAJE LINFATICO MANUAL», otro).

Ahora presenta esta obra titulada «MASAJE TRANSVERSO PROFUNDO. MASAJE DE CYRIAX», dividida en cuatro partes. La primera se ocupa de las generalidades de la técnica; la segunda de las aplicaciones en regiones anatómica concretas. En la tercera parte trata con acierto de añadir otras pautas terapéuticas al propio proceder de CYRIAX y, en la cuarta parte, se enriquece la obra con jugosos y densos comentarios a la F.T.P. de Cyriax.

Sin duda para el estudioso de esta técnica, este libro de los Drs. J. Vázquez Gallego y A. Jauregi Crespo, le será muy útil y seguro que va a ocupar un lugar preferente de la biblioteca de Médicos Rehabilitadores, Traumatólogos, Reumatólogos, Fisioterapeutas y Masajistas, por la clara exposición y lo ameno que se plantea, con esquemas y grandes cuadros. Habrá quien lo estudie hasta con alegría, si le gusta la exposición directa y gráfica del tema.

El Dr. Vázquez Gallego no necesita de alabanzas médicas, ya que siempre ha demostrado su excelente quehacer profesional y por supuesto, menos de las nacidas de mi corta pluma.

Queridos Jesús Vázquez Gallego y Andoni Jauregi Crespo, os felicito por haber confeccionado un libro fácil y que sin duda rellena uno de los muchos huecos que tenía la Medicina.

Para los autores, Dr. Jesús Vázquez Gallego y Dr. Andoni Jauregi Crespo y colaboradores: D. Carlos Frontaura y Stas: Teresa Peña, Carmen Prado Vázquez y María Expósito, nuestra felicitación.

Prof. Pedro Guillén García

JEFE DE LOS SERVICIOS MEDICOS DE LA ORGANIZACION TERRITORIAL DE FREMAP
DIRECTOR MEDICO DE LA CLINICA FREMAP de Majadahonda (Madrid)
PROFESOR TITULAR DE LA FACULTAD DE MEDICINA Universidad Complutense de Madrid

GENERALIDADES

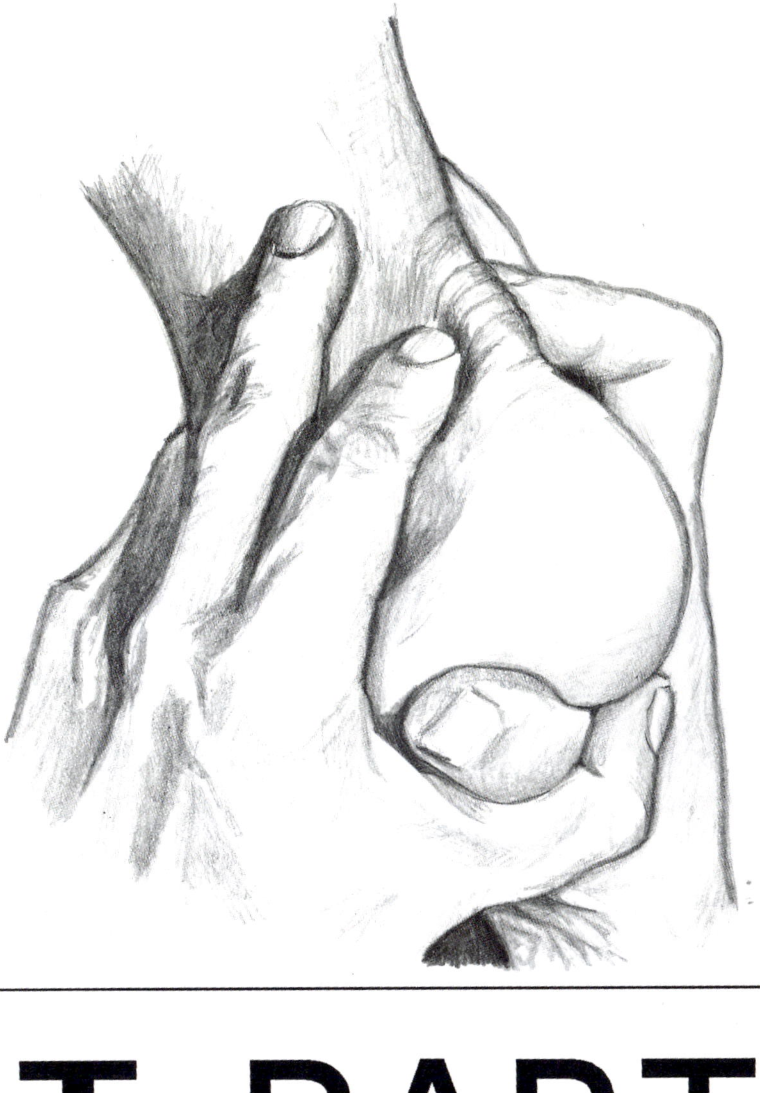

I PARTE

PRIMERA PARTE
GENERALIDADES

Introducción

Recuerdo histórico:

Hace más de 50 años, el Dr. James Cyriax comenzó a difundir la idea de la importancia de aplicar los tratamientos en el lugar exacto donde se ha producido la lesión. Con el paso de los años y el desarrollo de sus técnicas de trabajo basadas en este principio, se ha podido constatar la efectividad de los mismos y muchos médicos y masajistas que hemos aprendido y practicado con dichos principios podemos dar buena fe de ello.

Todavía en nuestro entorno muchos colegas son reticentes, nos encontramos con situaciones como una distensión muscular, una tendinitis o un esguince de ligamentos, en los que contraindican el Masaje e indican la inmovilización y el reposo, por ejemplo. E incluso en algunas afecciones que cursan con dolor de espalda como lumbalgias o tortícolis, etc., sin tener en cuenta un medio tan valioso como es el masaje en sus distintas técnicas y variedades, recomiendan calor en forma de lámpara de infrarrojos, manta eléctrica, etc...

El Dr. James Cyriax desarrolló como tratamiento de las lesiones en tejidos blandos tres tipos de técnicas:

• ***La manipulación vertebral de la columna.***- Para las afecciones del disco intervertebral. Cyriax carece totalmente de la visión osteopática de la lesión, como restricción de la movilidad, lo que es denominado como « Lesión osteopática» que consiste en un bloqueo en las carillas articulares posteriores de una vértebra con respecto a la subyacente. Estas lesiones son corregidas mediante una manipulación o desbloqueo articular. Tampoco Cyriax sigue a la Quiropraxia basada más en la posición o el «desplazamiento vertebral». Como ya hemos dicho Cyriax utiliza la Manipulación vertebral exclusivamente para los desplazamientos del disco.

• ***Las infiltraciones***.- que consisten en introducir el medicamento adecuado, mediante la aplicación de una inyección en el punto exacto de la lesión. Se intenta evitar de esta forma los efectos secundarios de la aplicación del mismo por vía general, consiguiendo dosis adecuadas en el lugar de la lesión y la máxima efectividad local del producto.

Y Finalmente:

• ***El masaje***.- que al ser aplicado en el punto exacto de las lesiones - en parte- revolucionó el concepto del masaje clásico que hasta entonces se venía utilizando.

Además su forma de aplicación constituyó también toda una novedad ya que la forma de realizarlo es TRANS-

VERSA a las estructuras lesionadas, a las fibras, esta técnica o modalidad rompió con toda la ortodoxia tradicional que hasta aquellos momentos preconizaba el realizar las maniobras de masaje «a lo largo» o «paralelamente» a las estructuras lesionadas. Por ello, el Dr. James Cyriax denominó a esta técnica de masaje MASAJE TRANSVERSO PROFUNDO o FRICCION TRANSVERSA (F.T.P.). Y es considerada profunda porque llega hasta capas por debajo de la piel y el tejido celular subcutáneo, para alcanzar Músculos, tendones, ligamentos....

La presente publicación va a dedicarse exclusivamente a la Fricción Transversa Profunda (F.T.P.), tanto en lo que se refiere a su forma general de aplicación, sus principios fundamentales, como a aspectos concretos de su utilización en las lesiones más comunes y frecuentes. También comentaremos otras técnicas manuales que complementan a la Fricción como las «Movilizaciones Activas y Pasivas», los «Estiramientos» o las « Manipulaciones Articulares»...

Pero otras técnicas como la Hidroterapia, Electroterapia, Crioterapia, Técnicas de Inmovilización, Tratamientos médicos, etc... serán citados muy brevemente ya que en algún caso puntual, evidentemente resultan métodos complementarios muy adecuados.

Es bien conocido que el masaje es una técnica fisioterápica que ha conquistado su mayoría de edad en las últimas décadas merced a los numerosos trabajos y autores (médicos y fisioterapeutas, etc.) los cuales se han dedicado a estudiar sus mecanismos y efectos. En el momento actual es una terapéutica importante y fundamental en cualquier programa de rehabilitación y fisioterapia siempre, en especial si se desea obtener efectos terapéuticos favorables sobre las estructuras músculo-esqueléticas.

De los masajes clásicos, especialmente difundidos en nuestra medicina occidental por la escuela sueca de Ling y sus sucesores, hemos pasado en los últimos años -como ya comentábamos anteriormente- a la aplicación de una serie de modalidades y técnicas específicas que -si bien derivan de ellas- ya no tienen una relación muy directa con las técnicas clásicas de masaje sueco.

Una de estas técnicas específicas de masaje es la denominada **«FRICCION TRANSVERSA PROFUNDA DE CYRIAX»** o **«MASAJE TRANSVERSO PROFUNDO»**, técnica de masaje por medio de la cual puede llegarse a estructuras profundas lesionadas para ejercer sobre ellas efectos terapéuticos beneficiosos. El objetivo de este masaje viene a ser la actuación sobre las partes blandas lesionadas del aparato locomotor, con el fin de recuperar su movilidad normal. Para ello el dedo del terapeuta y la piel del paciente íntimamente unidos se deslizarán, por medio del tejido celular subcutáneo, sobre elementos anatómicos profundos que se hallen lesionados, de ahí que unos autores le hayan denominado: Fricción profunda, Fricción transversa profunda o Movilización Transversa Profunda, e incluso ha sido separada de las técnicas de masaje para enmarcarla en una técnica de movilización de los tejidos (O. Troisier y Colbs.). Los buenos resultados clínicos de la Fricción Transversa Profunda van a depender de varios factores pero fundamentalmente radicarían en el hecho de proporcionar movimientos terapéuticos en una zona muy pequeña y limitada, que ha sido previamente dañada o sufrido una lesión.

De esta forma, los movimientos al ser más localizados, son más efectivos, siempre que se apliquen en el lugar exacto de la lesión. De hecho la efectividad de la Fricción Profunda tendrá como objetivo final mantener y restaurar la movilidad indolora de las partes blandas (músculo, tendón, fascia, ligamento) por medio de maniobras específicas de masaje penetrante.

Como indica Cyriax, el tratamiento basado en la lógica comprende tres principios que sugiere con suma claridad:

1.- Todo dolor proviene de una lesión

2.- Todo tratamiento debe llegar a la lesión.

3.- Todo tratamiento debe ejercer un efecto beneficioso sobre la lesión.

Cyriax finaliza indicando que estos tres postulados le parecen irrecusables.

Efectos

Los efectos más importantes de la F.T.P. son de tipo mecánico y local. Su acción general sobre otros sistemas y partes del organismo es nula y carece de importancia, si bien en alguna ocasión se ha hablado de efectos reflejos.

Otro propósito importante de la F.T.P., independientemente de mantener la movilidad de los tejidos blandos lesionados, es prevenir la formación de cicatrices adherentes. Para ello y, a diferencia de otras técnica de masaje clásico que suelen aplicarse sobre extensas áreas y de forma longitudinal y paralela a las fibras y trayectos vasculares, la fricción transversa o masaje de Cyriax debe ser aplicado transversalmente al tejido lesionado en campos muy reducidos y muy localizados. De todos es conocido que las adherencias y cicatrices longi-tudinales de los tejidos blandos del aparato locomotor (músculo, tendón, ligamento) limitan su contracción y es difícil su elongación, pudiendo llegar a causar dolor crónico. Estas cicatrices y adherencias en el músculo suelen causar el referido dolor en ocasiones crónico, debido a las variaciones de tensión que se producen en las zonas lesionadas, durante la contracción muscular, en las cuales el tejido normal se une al tejido neo-cicatrizal mal organizado.

Se ha observado, microscópicamente, que en la formación de tejido cicatrizal la disposición de las fibrillas depende básicamente de factores mecánicos, especialmente del movimiento (Cyriax). En consecuencia, al proporcionar un movimiento fisiológico en el lugar de la lesión, mientras esta se halla en proceso de cicatrización, este movimiento va a inhibir la formación de adherencias indeseadas, generando una cicatriz fisiológicamente más móvil, más fuerte, sin adherencias y con una disposición normal en sus fibrillas.

En consecuencia, podemos enumerar una serie de objetivos y ventajas de la F.T.P., éstas aunque varias, se hallan netamente interrelacionadas.

TRAUMATISMO
DESTRUCCION DE LOS TEJIDOS
LIBERACION DE ENZIMAS
POR ROTURAS
MULTIPLES
ESTRUCTURAS
REACCION INFLAMATORIA
HIPEREMIA
EXUDADO
LIBERACION DE LEUCOCITOS
TRANSPORTE DE CELULAS MUERTAS
CRECIMIENTO DE
FIBROBLASTOS
FORMACION DE FIBRILLAS
SI REPOSO
DISPOSICION
CAOTICA DE
LAS FIBRAS
FORMACION DE
ADHERENCIAS
ROTURA DE
FIBRILLAS
CON EL
MOVIMIENTO
DOLOR
INFLAMACION CRONICA
Y
CONTRACTURA CRONICA
SI MOVIMIENTO
MASAJE TRANSVERSO PROFUNDO
Y MOVIMIENTO FISIOLÓGICO
REGENERACION FISIOLOGICA DE FIBRILLAS
CURACION
ACTIVIDAD NORMAL DE LOS TEJIDOS

CUADRO 1

Objetivos

PRIMERO: mantener una buena movilidad de los tejidos lesionados.

SEGUNDO: conservar el movimiento más fisiológico posible en el interior de la estructura lesionada.

TERCERO: inhibir la formación de cicatrices y de tejido cicatrizal anormal.

CUARTO: evitar la formación de adherencias entre las fibrillas y los distintos tejidos.

QUINTO: provocar una hiperemia local, en la zona de la lesión, con lo que disminuye el dolor y se eliminan sustancias algógenas.

SEXTO: facilitar la producción de tejido colágeno perfectamente orientado que resista el estress mecánico.

SEPTIMO: estimular los sistemas mecano-receptores que por medio del sistema nervioso inhiban el paso de mensajes aferentes nociceptivos.

Como se podrá deducir, la F.T.P. es consecuentemente una sucesión de pequeños pero enérgicos movimientos fisiológicos que van a movilizar y con ello modificar la disposición de las estructuras blandas sin someterlas a excesiva tracción, para que las fibras de colágeno que se van formando a lo largo del proceso de cicatrización se sitúen de forma precisa a las necesidades funcionales de los tejidos.

En los primeros trabajos, Cyriax se basó en conclusiones de la señora Stearns. Posteriormente Cyriax y Guillean Russel llegaron a la conclusión de que estos movimientos pasivos precisos y profundos no separaban ni disociaban las fibras de su propia formación en la «brecha» de la lesión en la fase de curación, pero que prevenían sus adherencias en lugares anormales.

En conclusión: se puede afirmar que el Masaje de F.T.P. debe ser una técnica de elección a utilizar por médicos, fisioterapeutas y masajistas - deportivos en especial- cuando surjan lesiones de tejidos blandos que afecten a músculos, ligamentos, tendones o fascias y su aplicación viene de la importancia que tiene el evitar la inmovilización y la formación anárquica de fibrillas en los nuevos tejidos conectivos con la consecuente generación de adherencias que limiten posteriormente la función de los tejidos y originen dolor crónico en los mismos.

De ahí se desprende la frase de Cyriax: ***«Es un tratamiento basado en la lógica»***

Si resumimos los efectos de la F.T.P. podemos enmarcarlos en dos grandes grupos:

a.- MECANICOS:

• Hiperemia traumática en el lugar de la lesión

• Movimiento terapéutico fisiológico, evitando la formación de adherencias, el exceso de tejido cicatrizal y la aparición de bridas cicatrizales.

• Estimulación de mecanorreceptores (Wyke)

• Aumento del flujo sanguíneo local (Wyke)

• Aumento- consecuente- de la temperatura local

• Salida de sustancias algógenas de la zona lesionada

b.- QUIMICOS:

Los efectos químicos de la F.T.P. ocupan sólo un plano secundario:

• Sustancia P. de Lewis (expulsada del foco lesional o diluída).

• Estimula la generación de péptidos morfínicos, endorfinas y encefalinas y pro-opio-melano-cortinas.

• Esta liberación de sustancias químicas generan analgesia y disminuyen el dolor.

• Efecto que se ve reforzado por la difusión y eliminación más rápida de la sustancia P. (algógena) de la zona lesionada.

Efectos éstos todavía oscuros, en vías de estudio y conclusiones definitivas, pero que es necesario considerar y tener en cuenta.

Consecuencias reales de la acción mecánica

La F.T.P. mantiene la movilidad normal de los tejidos lesionados, asegurando el movimiento y deslizamientos de los mismos. Favorece la normal cicatrización de los tejidos, logrando una cicatriz más móvil y más fuerte. En consecuencia inhibe la formación de tejidos adherentes y adheridos al favorecer la dirección y organizaciones fisiológicas de las fibras de colágeno. Con ello se consigue una mejor elasticidad de los tejidos lesionados y habilitarles un movimiento fisiológico. Al ser de este modo el movimiento y deslizamientos de los tejidos éste será más precoz ya que no aparecen cicatrices densas o adheridas que suelen provocar y de hecho provocan la pérdida de la movilidad fisiológica, y periodos dolorosos en las zonas lesionadas tanto precozmente cuanto y más en la fase de secuelas.

Condiciones de la fricción

Vamos a referirnos en este apartado en primer lugar a los casos generales, posteriormente veremos las condiciones técnicas según las distintas estructuras y localizaciones en que la técnica vaya a realizarse.

La primera y fundamental será UN DIAGNOSTICO MEDICO DE LA LESION, el cual ha de ser establecido con suma precisión y que debe ser hecho lógicamente por un médico con experiencia en este tipo de lesiones de partes blandas.

Una vez establecido el diagnóstico de la lesión y la indicación de la técnica es necesario situar el dedo o dedos en el lugar exacto de la lesión. A continuación se inician las maniobras de desplazamiento con objeto de movilizar con el dedo de forma perpendicular a la dirección de las fibras del ligamento, músculo, tendón o fascia lesionados. Para ello observaremos que son necesarios unos BUENOS CONOCIMIENTOS ANATOMICOS, precisos para conocer la ubicación de la estructura que tratamos y la dirección de las fibras que se van a movilizar, con objeto de ejecutar el movimiento del dedo, la presión y la movilización en el sentido transverso a las fibras lesionadas. Por otra parte, es preciso tener en

A EFECTOS MECÁNICOS

- HIPEREMIA TRAUMATICA "EN EL PUNTO DE LA LESIÓN"
- "MOVIMIENTO TERAPEÚTICO" EVITANDO O LIBERANDO ADHERENCIAS Y EXCESO DE CICATRIZACIÓN
- ESTÍMULO DE LOS MECANORRECEPTORES. (Wyke)
- AUMENTO DEL FLUJO SANGUÍNEO LOCAL.(Wyke)

B EFECTOS QUÍMICOS

PROBABLES

- SUSTANCIA P. DE LEWIS
- ENDORFINAS
- ENCEFALINAS

CUADRO 2

cuenta que si la F.T.P. no actúa en una zona limitada y pequeña: en el lugar exacto de la lesión, no se van a producir los efectos beneficiosos deseados y, como afirma Cyriax, el paciente quedará sometido a un tratamiento tan ineficaz como doloroso.

Al final de la F.T.P. se origina una reacción local, consistente en una hiperemia analgésica y calor local que perduran bastante tiempo, probablemente debido a la liberación de histamina.

Esta hiperemia y la eliminación de sustancias algógenas facilitan cierto grado de analgesia en la zona donde fue aplicada la Fricción, de manera que una vez concluida la sesión de F.T.P. es posible la movilización de las estructuras afectadas sin provocar dolor o con mínimo dolor, momento en el cual debe aprovechar el terapeuta para reproducir los movimientos fisiológicos.

Si resumimos este apartado, comprobamos que se origina aquí un doble proceso, el primero es la HIPEREMIA y CALOR LOCAL generadores de analgesia, y el segundo es una MAYOR FACILIDAD para la MOVILIZACION DE LAS ESTRUCTURAS DAÑADAS, cuya contracción o elasticidad se hallaba inhibida por el traumatismo.

De esta forma, de manera genérica podemos ya establecer una serie de indicaciones de la F.T.P., tales como:

• Lesiones traumáticas o micro-traumáticas de los músculos.

• Lesiones diversas de los tendones.

• Lesiones de los ligamentos y de las fascias que iremos viendo gradualmente.

Tanto que sean recientes como antiguas, si bien en las lesiones recientes, la fricción actúa con más eficacia al evitar el tejido cicatrizal anormal y las adherencias indeseadas

El diagnóstico de la lesión

Es un paso previo fundamental, lo que Cyriax denominó «DIAGNOSTICO ORTOPEDICO». Para ello, lógicamente se precisan unos conocimientos básicos de anatomía funcional y descriptiva, conocer la manera de realizar la exploración básica del aparato locomotor y conocimiento de la patología del mismo y una gran sensibilidad palpatoria. En el momento actual la Ecografía y la Resonancia Nuclear Magnética han simplificado relativamente la obtención de un diagnóstico más exacto.

Posteriormente, ya establecido el diagnóstico, son el dedo o dedos (índice, medio o varios) como veremos posteriormente, los que efectuarán transversalmente un recorrido corto, preciso y firme, llegando tan profundo como sea necesario, para ejercer su acción sobre los tejidos lesionados. En consecuencia, para la aplicación del Masaje de Cyriax es necesario la realización de un correcto «diagnóstico» de la lesión, y que esté indicada la aplicación de la Fricción en la misma. La colaboración Médico-Masajista es por lo tanto fundamental. Podemos dividir el diagnóstico en dos aspectos:

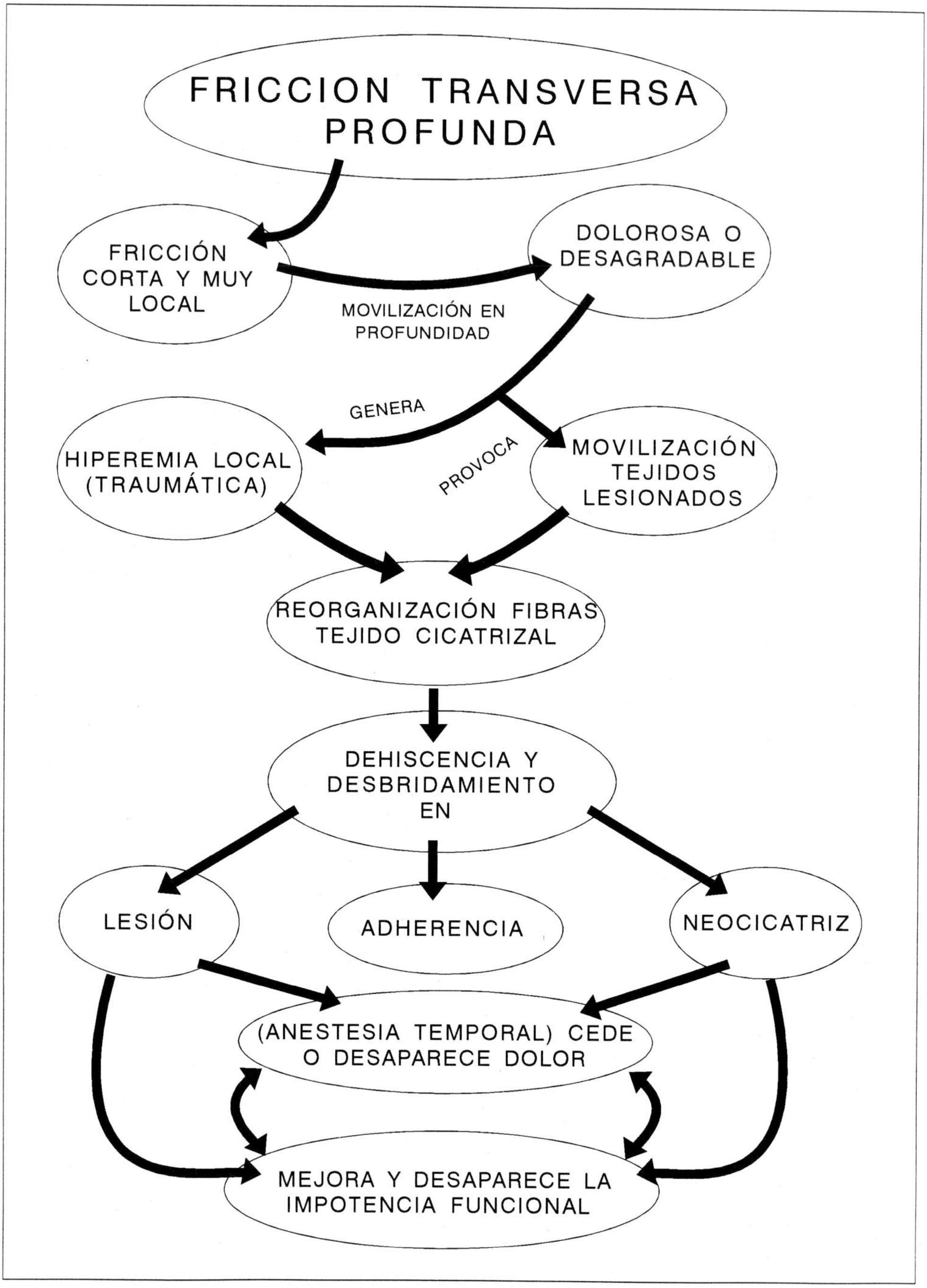
FRICCION TRANSVERSA PROFUNDA
FRICCIÓN CORTA Y MUY LOCAL
MOVILIZACIÓN EN PROFUNDIDAD
DOLOROSA O DESAGRADABLE
GENERA
PROVOCA
HIPEREMIA LOCAL (TRAUMÁTICA)
MOVILIZACIÓN TEJIDOS LESIONADOS
REORGANIZACIÓN FIBRAS TEJIDO CICATRIZAL
DEHISCENCIA Y DESBRIDAMIENTO EN
LESIÓN
ADHERENCIA
NEOCICATRIZ
(ANESTESIA TEMPORAL) CEDE O DESAPARECE DOLOR
MEJORA Y DESAPARECE LA IMPOTENCIA FUNCIONAL

CUADRO 3

Por un lado el diagnóstico médico, ya comentado y que será realizado mediante una Historia Clínica y exploración complementaria adecuada, a lo que contribuye el avance y desarrollo de métodos diagnósticos como la artroscopia, la Ecotomografía, el T.A.C. y sobre todo la Resonancia Magnética Nuclear.

Por otro lado el diagnóstico del punto exacto de la lesión, ese lugar preciso donde se encuentra: la inflamación de la vaina tendinosa, la distensión del ligamento, la adherencia, la fibrosis, etc... Para lo que se requiere una sensibilidad manual extraordinaria, en posesión de un experto masajista. Este aspecto del diagnóstico es fundamental.

Si diagnóstico y localización no se realizan en ese punto exacto, insistimos de nuevo en este aspecto de importancia trascendental, el tratamiento carece de toda efectividad, y además resulta incómodo y molesto para el paciente.

El Dr. James Cyriax afirma que en los casos en los que no resulta satisfactoria la evolución de la lesión aplicando la Fricción Profunda, es por un error en el diagnóstico o una mala localización del lugar de la lesión.

De ahí que ambos diagnósticos resultan de capital importancia. Tanto el del médico, como el del Masajista, el cual, como ya hemos dicho, deberá poseer suficientes conocimientos de Anatomía descriptiva y funcional, así como de exploración clínica, y sobre todo, algo que a veces es difícil de definir que es la sensibilidad de las manos. Un don o facultad que en algunas personas es especial y que evidentemente se puede ir adquiriendo con el trabajo diario y la experiencia hasta conseguir una capacidad notable de palpación de las lesiones.

Incluiremos por ello también en esta publicación, información sobre los síntomas y signos de las lesiones, diagnósticos diferenciales más importantes, así como aspectos básicos de la exploración clínica.

Masaje de Cyriax y Deporte

Debido a la efectividad de la Fricción Profunda en las lesiones de tejido blando (músculos, tendones, fascias, ligamentos, cápsulas) ha tenido un desarrollo importante en el deporte. Resulta obvio destacar que la patología lesional está principalmente representada por lesiones en dichas estructuras.

Además el Masaje Transverso Profundo tiene un efecto más destacable cuanto más precozmente actuemos, de tal forma que su aplicación en periodos agudos resulta altamente eficaz. De ahí la importancia que concedemos al estudio y la enseñanza de esta técnica entre los Médicos y los Masajistas del Deporte.

En nuestro país, el desarrollo de la Fricción Profunda ha tenido lugar en el área de la Fisioterapia, con el fin de romper adherencias y/o fibrosis, y así aumentan la movilidad de estructuras que han sufrido una intervención quirúrgica o periodos largo de inmovilización.

En nuestra opinión el Masaje Transverso Profundo, no sólo es aplicable

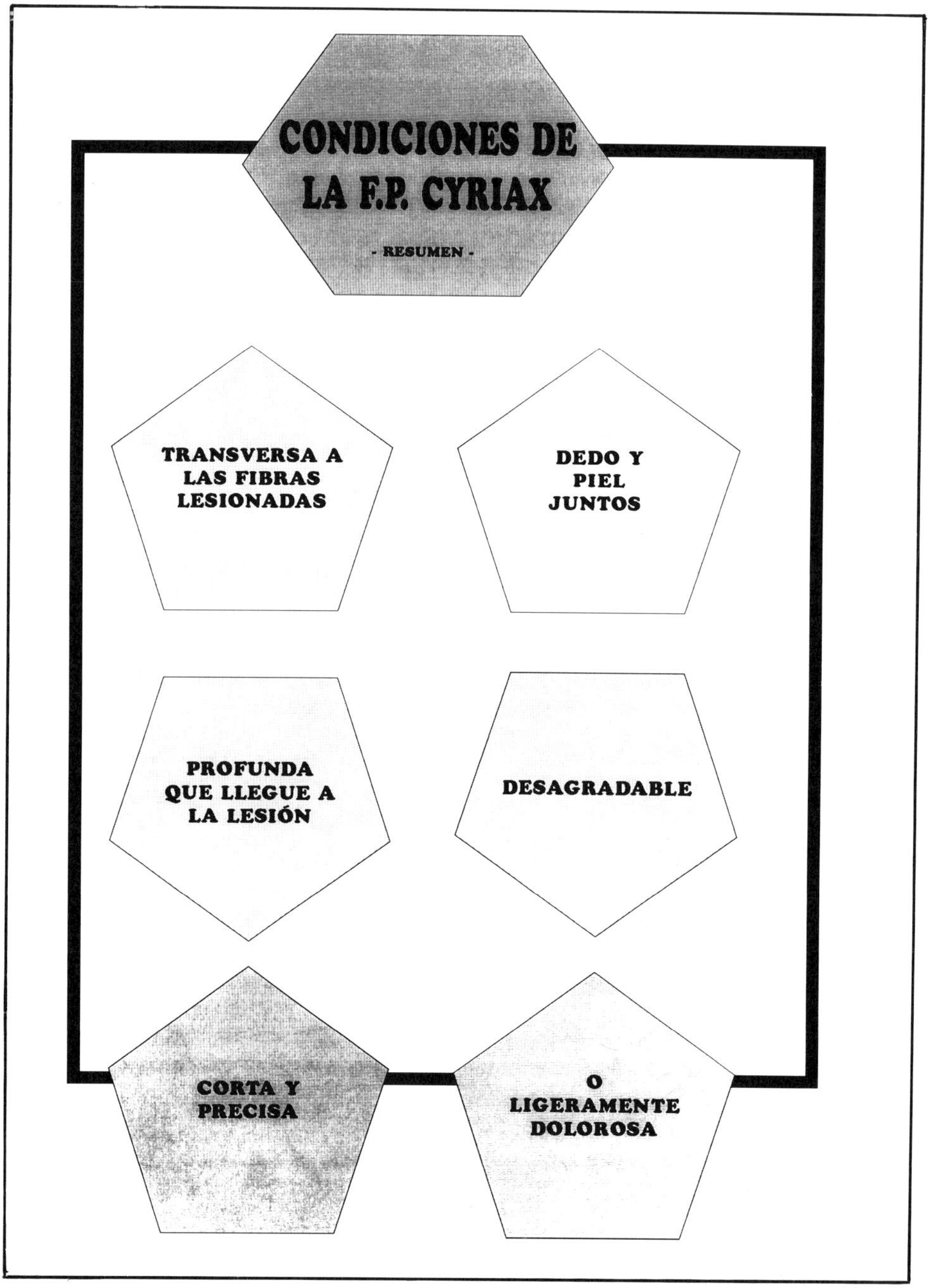
CONDICIONES DE LA F.P. CYRIAX
- RESUMEN -
TRANSVERSA A LAS FIBRAS LESIONADAS
DEDO Y PIEL JUNTOS
PROFUNDA QUE LLEGUE A LA LESIÓN
DESAGRADABLE
CORTA Y PRECISA
O LIGERAMENTE DOLOROSA

CUADRO 4

en los casos crónicos, sino en la atención inmediata, urgente, en el periodo agudo de la lesión, tal y como hemos ya comentado.

La inclusión de este tipo de Masaje en la formación de Médicos y Masajistas del Deporte favorecería la relación, limitaría el freno en su utilización y sobre todo redundaría en beneficio del deportista, de su pronta y adecuada recuperación que es lo que verdaderamente resulta importante.

¿Cómo se realiza la fricción?

Técnica

Será profunda o muy profunda y exacta en el lugar de la lesión. Ni por arriba ni por debajo de la misma, y esto es una premisa fundamental y básica a tener en cuenta.

Se hará perpendicular a las fibras o estructuras del tejido dañado: músculo, tendón, ligamento, fascia o inserción.

Será: PRECISA, MUY CORTA, pero que abarque TODA LA LESION, y en toda su extensión de forma tan profunda como esté situada dicha lesión.

El dedo o dedos del terapeuta NO SE DESLIZARAN sobre la piel, ni sobre la lesión, será el DEDO Y LA PIEL del paciente formando un todo los que se deslicen y friccionen transversalmente las fibras lesionadas.

Si no se realiza de esta forma; correctamente, no se obtendrán buenos resultados en ningún caso.

Nunca se utilizarán cremas, geles o pomadas, no tienen sentido aquí.

Cuanto más profunda sea la lesión, lógicamente más fuerza deberán realizar los dedos del terapeuta.

La duración de la sesión

En los casos agudos recientes, son suficientes 3 ó 4 minutos de tratamiento, incluso en algunos ocasiones en días alternos. En los casos menos recientes y crónicos será necesario dedicar a la F.T.P. unos 10, 15 ó 20 minutos.

Se suelen realizar tres o cinco sesiones semanales hasta un total de quince o veinte sesiones, como se ha dicho en días alternos (al principio) o continuos (secuelas).

El tiempo y número de sesiones va a depender esencialmente del diagnóstico inicial y evolución específica de cada patología.

¿Qué dedos se utilizan?

Para la aplicación de la Fricción, los dedos han de colocarse en una posición de tal manera que el dedo que la realiza permanezca con la articulación metacarpofalángica en extensión, la interfalángica proximal en una flexión aproximada de 25-30 grados y la interfalángica distal en una flexión de unos 15-20 grados. El otro dedo de apoyo (índice o medio) se cruza sobre el dedo terapeuta con una ligera hiperextensión de la metacarpo-falángica, en flexión de 15 grados de la interfalángica proximal y de unos 45-50 grados de la interfalángica distal.

Habitualmente la F.T.P. se realiza con el dedo índice apoyado por el medio o bien el dedo medio reforzado por el índice.

En ocasiones que sea necesario realizar una mayor fuerza sobre determinadas zonas se utilizan el dedo pulgar oponiendo contrarresistencia con el resto de los dedos. Cuando la lesión sea más extensa, especialmente a nivel muscular puede ser conveniente utilizar los 3 ó 4 últimos dedos de la manos.

También es posible la utilización del nudillo de los dedos con el puño cerrado, en caso de que se desee utilizar la máxima energía concentrando sobre una zona tal y como recomendamos emplear en la inserción de los adductores.

Es de suma importancia la posición de la manos y del Miembro Superior que ejecuta la Fricción.

Todos los músculos participan, al igual que la articulación de la muñeca, del codo y del hombro a fin de reforzar el movimiento y evitar la fatiga.

Hay ocasiones en que será necesario la utilización de la otra mano para reforzar la acción de los dedos de la primera o realizar un contra-apoyo tal como se recomienda para trabajar sobre los músculos isquiotibiales. En ocasiones la otra mano se utiliza para desplazar lateralmente la estructura que se va a tratar, así lo recomendamos cuando se realiza la F.T.P. en la cara anterior del tendón de Aquiles

Indicaciones

El tratamiento de lesiones del aparato locomotor por medio de la FTP puede concebirse para obtener un efecto puramente analgésico sobre estructuras dañadas, para mejorar la movilidad de ligamentos asociado a movimientos activos o pasivo de las articulaciones o bien asociado a movimientos contra-resistencia en caso de lesiones musculares para acelerar la cicatrización y conservar una movilidad adecuada u óptima.

En general siguiendo a Cyriax, la F.T.P. es, en el momento actual, de suma utilidad como medio fisioterápico en : lesiones musculares tanto o igual que sean recientes como antiguas, en fase de cicatrización en lesiones tendinosas, si bien aquí hay que tener en cuenta que la técnica es distinta según el tendón sea con vaina o sin vaina, en lesiones de los ligamentos, sea esguince reciente o crónico, y también puede aplicarse a ciertas lesiones de las vainas fibrosas adheridas, lesiones capsular o rigideces periarticulares.

El resumen de las indicaciones de la F.T.P, más importantes, en las que es más efectiva, tal y como lo concebimos actualmente se expone en el cuadro 5.

A lo largo de la segunda parte de esta monografía se describen en detalle las lesiones específicas y las estructuras anatómicas también específicas sobre las que el dedo o dedos del terapeuta va a realizar la F.T.P.

Indicaciones en:

LESIONES MUSCULARES

El músculo debe estar relajado y fláccido. Si bien después de la F.T.P. está indicada movilización activa, indolora del músculo.

INDICACIONES

RESUMEN

- ESGUINCE AGUDO (RECIENTE)
- SECUELAS ESGUINCES
- ESGUINCE CRÓNICO
- TRAUMATISMO MUSCULAR RECIENTE
- SECUELAS LESIONES MUSCULARES
- CICATRICES ANTIGUAS
- LESIONES TENDINOSAS : TENOSINOVITIS / TENDINITIS
- PERIARTRALGIAS (Articulaciones Superficiales). RIGIDECES POST-TRAUMÁTICAS POR COMPONENTE TEJIDOS BLANDOS PERIARTICULARES
- CAPSULITIS Y PERICAPSULITIS (en estado frío)
- SECUELAS FASCITIS
- ENTESITIS (Pubalgias)
- FIBROMIOSITIS
- ADHERENCIAS, CICATRICES DOLOROSAS, BRIDAS, ETC.
- OTRAS SECUELAS LESIONES APARATO LOCOMOTOR

CUADRO 5

La F.T.P. actúa liberando las adherencias que aparecen en torno a las fibras musculares de la zona lesionada, evitando la formación de adherencias, manteniendo la capacidad contráctil y de ensanchamiento del músculo, facilitando que la contracción activa del músculo sea indolora. Cuando las cicatrices anormales ya están establecidas, la F.T.P. actúa ensanchando de forma pasiva las fibras musculares resultantes de la cicatrización, de esta manera se va a conseguir que el músculo paulatinamente se contraiga de forma más normal, si bien aquí la Fricción ha de realizarse durante más tiempo que en los casos agudos.

LESIONES LIGAMENTOSAS

Debe hacerse en suave tensión no dolorosa en casos recientes. En los casos crónicos en franca tensión.

Al movilizar los ligamentos en los que se ha producido un esguince reciente, la F.T.P. actúa en primer lugar como analgésico, disminuyendo el dolor y permitiendo su movilidad en sentido tranverso y afirma Cyriax, ejecutando una «imitación terapéutica de su conducta normal».

En estos casos recientes, la Fricción no se debe realizar de forma violenta ni cruenta. A continuación de la misma es conveniente que el paciente ejecute ejercicios pasivos en el sentido fisiológico y no dolorosos para evitar la pérdida de movilidad, así como ejercicios activos hasta el límite del dolor que facilitan una mejoría de la circulación, evitando la atrofia muscular y la aparición de adherencias.

El tratamiento en estos casos, no debe sobrepasar los 3-4 minutos en sesiones diarias o alternas.

En los esguinces crónicos el ligamento suele presentar una cicatriz que se ha adherido en la cápsula, al hueso subyacente y/o a las estructuras que lo rodean. La cicatriz anormal que ha surgido durante este periodo de inmovilización, provocando rigideces post-traumáticas y movimientos dolorosos.

La Fricción Transversa Profunda facilita una movilidad del ligamento sobre los planos que lo rodean recuperando su movilidad activa y pasiva sin limitaciones y sin dolor.

Asimismo se van reduciendo las adherencias susceptibles de dolor y limitación funcional, para lo cual, una vez realizada la F.T.P. (en este caso durante 8-10-12 minutos) es conveniente la realización de movimientos pasivos y activos.

Por otra parte la Fricción en estos casos crónicos de lesiones ligamentosas, también facilita la analgesia suficiente para permitir una mayor amplitud de movimientos y secundariamente, la hiperemia que provoca acelera el proceso de cicatrización.

LESIONES DE LAS INSERCIONES

En estos casos la F.T.P. suele ir asociada a otras medidas fisioterápicas importantes (reposo, ultrasonido, Láser, incluso infiltraciones...). Se trata aquí de crear una analgesia e hiperemia por medio de la Fricción en la zona lesionada. Aquí la Fricción ha de hacerse de forma enérgica y suele ser, más que desagradable, ligeramente dolorosa, tal como la aplicamos en la inserción de los adductores a nivel pubiano, en la rodilla del saltador o en la inserción del Aquiles entre otros casos.

Una vez que se realiza la F.T.P. será conveniente masaje de amasamiento y relajante en el músculo o músculos cuya inserción se halla afectada.

LESIONES TENDINOSAS

En estos casos tenemos que distinguir perfectamente que el tendón sea con vaina o sin vaina. De ahí nuestra insistencia en la importancia de los conocimientos anatómicos.

En los casos que el tendón no tenga vaina la F.T.P. facilita la analgesia de la zona lesionada y una movilización de las fibras tendinosas con lo que se evitan las adherencias y cicatrices intratendinosas así como que éstas surjan a nivel entre el tendón y los planos anatómicos que lo rodean.

En los casos de tendones con vaina (tenosinovitis) va a surgir, tras lesiones, bridas y adherencias entre el tendón y la vaina sinovial. Aquí la F.T.P. reduce o anula esta formación de adherencias y restaura el movimiento indoloro del tendón al deslizarse sobre la vaina.

En las lesiones de los tendones sin vaina, para practicar la F.T.P. no será necesario poner a éste en la máxima tensión. En caso de tendón con vaina la Fricción ha de realizarse con dicho tendón en tensión y estirado.

En ambos casos es necesario evitar los movimientos que produzcan dolor.

RIGIDECES POST-TRAUMATICAS

Cuando, posteriormente a un traumatismo existen rigideces peri o intraarticulares, el masaje por medio de F.T.P. va a facilitar en primer lugar el desbridamiento que se formó tras la inmovilización, y que puede englobar ligamento, cápsula, tendones y estructuras adyacentes.

De esta forma la Fricción va a facilitar en primer lugar el despegamiento y la rotura de adherencias subyacentes, genera la analgesia, mejora la micro-circulación de los ligamentos tensos y adheridos, con lo que paulatinamente se elastifican, se hacen más laxos y se mejora la amplitud del movimiento articular. Aquí la sesión de F.T.P. suele ser larga (15 a 20 minutos) y debe realizarse siempre previamente a la movilización articular en la que se reproduzcan los movimientos fisiológicos.

Otras indicaciones: TROISIER y Cols. recomiendan la utilización de la F.T.P., en retracciones capsulares de pequeñas articulaciones, tales como la acromioclavicular, articulaciones del carpo, metacarpofalángicas e interfalángicas y articulaciones del tarso, así, como en procesos álgicos del raquis (lumbalgias, tortícolis, etc..) que veremos en la segunda parte de la monografía.

Contraindicaciones

Como contraindicaciones locales destaquemos la existencia de fragilidad de la piel y de los ligamentos, en caso de existencia de hematomas severos, heridas abiertas, cicatrices en vías de formación, infecciones de la piel y en casos de intolerancia, cuando se provoca hiperalgia al realizar la fricción.

Con respecto a las contraindicaciones existentes en las lesiones del aparato locomotor, tengamos en cuenta que la F.T.P. no tiene sentido aplicarla en casos de fracturas, luxaciones y fisuras, ni en roturas masivas de músculos, tendones, ligamentos o vainas. Tampoco en calcificaciones u osifi-caciones periarticulares sean tendones, ligamentos o músculos, en caso de artritis (reumatoidea, artrósica...) en neuritis y otras radiculopatías, braquialgias e inflamaciones musculares diversas no traumáticas, miositis, miogelosis, y en las bursitis (inflamación de las bolsas sinoviales).

Se prestará también especial atención cuando haya de aplicarse la fricción en las proximidades de paquetes vásculo-nerviosos tales como: ingle, hueco popliteo, axila.

Finalmente tengamos en cuenta como contraindicación la presencia de problemas físicos del paciente, tales como: neoplasia, infecciones de origen bacteriano, debilitamientos generales, etc....

Todas estas contraindicaciones comentadas se resumen en el cuadro 6.

CONTRAINDICACIONES DEL MASAJE DE CYRIAX

- LESIONES GRAVES TRAUMATICAS EN FASE AGUDA
  - FRACTURAS
  - FISURAS
  - LUXACIONES
- ROTURAS MASIVAS
  - MUSCULARES
  - TENDINOSAS
  - LIGAMENTOSAS DE LAS VAINAS FIBROSAS
- CALCIFICACIONES, OSIFICACIONES
  - TENDINOSAS
  - LIGAMENTOSAS
  - MUSCULARES
- BURSITIS
- ARTRITIS REUMATICA, ARTROPATIAS (REUMATOIDEA) DEGENERATIVAS
- NEURITIS, RADICULITIS
- COMPRENSION DE LOS NERVIOS PERIFERICOS
  - CIATICA
  - BRAQUIALGIA
- ZONAS CON PAQUETE VASCULO NERVIOSO
  - AXILA
  - INGLE
  - HUECO POPLITEO
- INFECCIONES DE ORIGEN BACTERIANO
- INFLAMACIONES MUSCULARES DIVERSAS (NO TRAUMATICAS)
- LESIONES E INFECCIONES DE LA PIEL

Decálogo básico de la F.T.P. de Cyriax

1 Buscar el lugar exacto de la lesión, para lo cual el conocimiento anatómico y una exploración adecuada son fundamentales. (Diagnóstico médico.)

2 Los dedos del terapeuta y la piel del paciente deberán moverse como una unidad. Así conseguiremos una mayor penetración y evitaremos la irritación de la piel.

3 Nunca se aplicarán cremas, pomadas, geles, etc... Tampoco debe aplicarse hielo porque puede enmascarar la lesión antes del Cyriax.

4 La fricción debe hacerse de modo transversal a las fibras de la estructura dañada, nunca longitudinalmente.

5 La fricción debe hacerse por deslizamiento, ya que la movilización de vaivén de los dedos es lo más importante; no hay que presionar excesivamente, porque si no la fricción pierde movimiento y sería insuficiente.

6 La presión excesiva produce dolor. Así aunque la fricción profunda puede doler, no por producir más dolor el efecto es más beneficioso. De todas for-

mas, la F.T.P. es desagradable. Si no lo es → no suele ser beneficiosa. (No nos hallaríamos sobre la lesión).

7 La fricción debe actuar en profundidad necesaria que llegue al punto exacto de la lesión. La presión puede aumentar el efecto de la fricción pero no reemplazarla. Si el terapeuta no tiene suficiente fuerza o no está acostumbrado a este tipo de trabajo realizará pausas si no puede llegar puntualmente a la estructura dañada.

8 El paciente debe adoptar una posición adecuada que asegure una tensión o relajación de la zona a tratar según la estructura lesionada y que facilite al mismo tiempo el acceso por parte del terapeuta. (Camilla hidráulica baja, para tener un fácil acceso).

9 Los músculos deben mantenerse en relajación mientras se aplica la fricción. Evitar la reacción de contracción muscular al sentir molestias.

Como se ha indicado, tras la F.T.P. en el músculo están indicadas las contracciones activas del mismo. Evitar los movimientos contrarresistencia.

10 Los tendones con vaina deben mantenerse tensos para facilitar el deslizamiento de la vaina sobre el cuerpo del tendón.

J.V. Gallego y A. Jauregi C.

APLICACIONES ESPECIFICAS

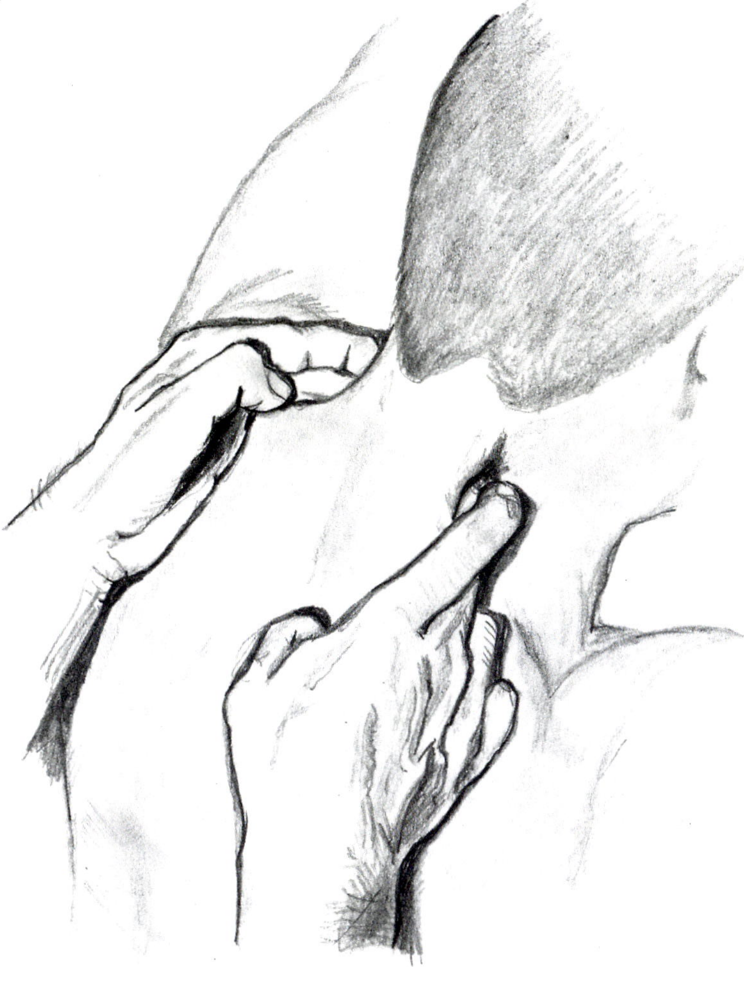

II PARTE

SEGUNDA PARTE

APLICACIONES ESPECIFICAS

Extremidad Superior

CINTURA ESCAPULAR

- Articulación acromio-clavicular
- Articulación esterno-clavicular
- Músculo pectoral mayor
- Tendón pectoral mayor
- Tendón supraespinoso
- Bursitis subacromial
- Músculo supraespinoso
- Tendón infraespinoso
- Tendón subescapular
- Músculo deltoides

BRAZO

- Tendón largo del bíceps braquial
- Músculo bíceps braquial

CODO

- Tendón - inserción radial del bíceps braquial
- Codo de tenista
- Manipulación de Mill
- Codos de tenis: Cuerpo del tendón
- Codo de tenis: primer radial
- Codo de lanzador o de golfista
- Músculo supinador corto

MUÑECA

- Tendón cubital anterior (externo)
- Tendón del primer y segundo radial
- Tendón del abductor y extensor del pulgar
- Tendón flexores de la muñeca
- Esguince de muñeca en flexión
- Lesión de los músculos interóseos de la mano

Columna vertebral

- Músculo esplenio
- Músculo intercostal
- Músculos erectores de la columna
- Coxis
- Ligamento iliolumbar
- Ligamento sacroilíaco
- Ligamento supraespinoso

Extremidad Inferior

CADERA

- Músculos adductores. Inflamación
- Músculos adductores. Lesión
- Trocánter mayor. Inflamación
- Músculos poas-ilíaco. Inflamación
- Músculo psoas. Lesión

* Músculo recto anterior. Inflamación proximal

- Músculo recto anterior. Rotura
- Músculos posteriores popliteos. Lesión
- Músculos popliteos. Afectación. Inserción isquiática

RODILLA

- Ligamento lateral interno
- Tendón rotuliano
- Tendón del bíceps crural
- Músculo gemelo

TOBILLO

- Tendón de Aquiles
- Tendones peroneos laterales
- Tendón del tibial anterior
- Tendón del tibial posterior
- Músculo interóseo
- Esguince de tobillo: ligamento peroneo-astragalino
- Esguince de tobillo: ligamento peroneo-calcáneo
- Esguince de tobillo: ligamento deltoideo

Extremidad superior

CINTURA ESCAPULO HUMERAL

La cintura escápulo-humeral está constituida por una serie de estructuras óseas, músculo-tendinosas y cartilaginosas que configuran una composición anatómica peculiar la cual permite gran gama de movimientos por lo que constituye un lugar importante de asiento de lesiones.

Estructura ósea:

El húmero y la escápula se articulan formando la articulación del hombro propiamente dicha.

La clavícula y su articulación con la escápula a nivel del acromion por un lado, y con el esternón por otro constituyen dos importantes articulaciones: Acromioclavicular y esternoclavi-cular, con fuertes ligamentos de fijación. Y finalmente la escápulo costal y las vértebras en las que finaliza todo el entramado óseo.

Movilidad:

La articulación escápulo-humeral posee una gran movilidad. En la superficie articular de la escápula existe un fibrocartílago, que denominamos «rodete glenoideo» el cual aumenta la estabilidad de la articulación y cuatro músculos que con sus respectivos tendones rodean la articulación y contribuyen a su estabilidad, constituyendo el llamado «Manguito de los Rotadores».

Dicho manguito esta formado por el Supraespinoso por arriba, el

Infraespinoso por la parte posterior y el Redondo Mayor y del Subescapular en la parte anterior.

Justo encima del manguito se encuentra una bursa, cuya inflamación es frecuente. Provocando en múltiples ocasiones dolor de hombro que nos obliga a realizar un diagnóstico diferencial importante para la posterior aplicación de FTP.

Una correcta exploración física y complementaria será decisiva a la hora de configurar un diagnóstico correcto para la aplicación adecuada de un tratamiento si tenenos en cuentaque más de 20 músculos y estructuras como la articulación acromio-clavicular, esterno clavicular, ligamento coracoacromial, etc.., están implicadas en la movilidad del hombro.

AFECTACION - DISLOCACION DE LA ARTICULACION ACROMIO-CLAVICULAR

Es una lesión frecuente especialmente en deportes de contacto, por lo tanto es traumática.

Deportes como el ciclismo, esquí, lucha, es donde más riesgo hay, por las caídas, de producir esta lesión.Los ligamentos implicados son los Acromioclaviculares y los Coraco-claviculares. En ocasiones esta articulación posee un cartílago o disco interóseo.

El Mecanismo lesional se produce por caída sobre el hombro, codo o brazo extendido, forzando la articulación hacia adentro y hacia arriba. Pueden afectarse los ligamentos y la cápsula con desgarro parcial o total y producir una separación, dislocación o subluxación de la articulación.

Signos Físicos: Van a depender del grado de separación. Así las clasificamos en Grados: I, II y III constituyendo este último un desgarro total de cápsula y ligamentos, con separación de ambas estructuras óseas y afectación del menisco y los ligamentos coracoclaviculares.

El dolor se localiza en la parte superior del hombro en el límite del movimiento escapular y por el forzamiento suave del movimiento pasivo de la articulación del hombro, sobre todo la adducción pasiva total del hombro por delante del tórax.

Si la separación es Grado I la exploración física revela un dolor vivo a la anteversión y la abducción pasiva al limite forzando ligeramente la articulación. Los movimientos contrarresistencia son negativos.

La confirmación diagnóstica se puede realizar por Radiodiagnóstico.

Indicación: La indicación de FTP es fundamentalmente en el Grado I. El Grado II requerirá un estudio más exhaustivo y el grado III puede necesitar resolución quirúrgica.

Técnica de Masaje: (Fotos 1 y 2)

Posición del Paciente: El deportista se coloca sentado o semiacostado.

Técnica: Terapeuta colocado en la parte posterior. Utilizará la mano derecha para el hombro derecho y viceversa. Con el dedo índice (2°) reforzando con 3° dedo, se realiza una presión en el ligamento o cápsula afectada y se realiza un movimiento

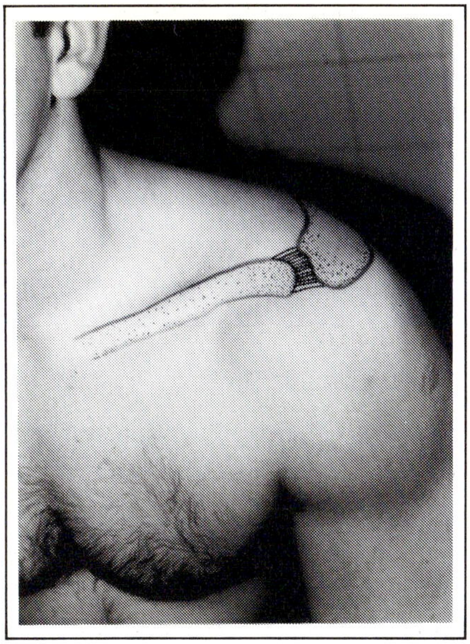

FOTO 1
ARTICULACIÓN ACROMIOCLAVICULAR

afectada y se realiza un movimiento de flexoextensión de muñeca movilizando el ligamento transversalmente. Después de realizada la fricción se evitarán los ejercicios, recomendándose un vendaje funcional adecuado.

ARTICULACION ESTERNO-CLAVICULAR

La separación (subluxación) o luxación de la articulación esterno-clavicular es más dificil que ocurra, pero es una lesión muy importante de identificar.

Los ligamentos esternoclavicular y costoclaviculares (que unen la clavícula a la 1ª costilla) fijan esta articulación, la cual posee un disco o menisco intra-articular.

Mecanismo Lesional: Casi siempre traumático, provocando que la clavícula se desplace hacia adelante o hacia atrás.

Signos físicos: El dolor puede localizarse hacia la región del hombro, en lugar de la articulación esterno-clavicular propiamente dicha. Si el desplazamiento es posterior se pueden producir afectación de vasos sanguíneos.

Indicación: En caso de no producirse desgarro total, cuya indicación es evidentemente quirúrgica, la F.T.P. se realizará analíticamente sobre la zona lesionada. El atleta puede reintegrarse a la práctica deportiva aunque persista el dolor durante meses.

Técnica de masaje: (Foto 3)

Posición del paciente: Sentado o semiacostado.

FOTO 2
ARTICULACIÓN ACROMIO-CLAVICULAR

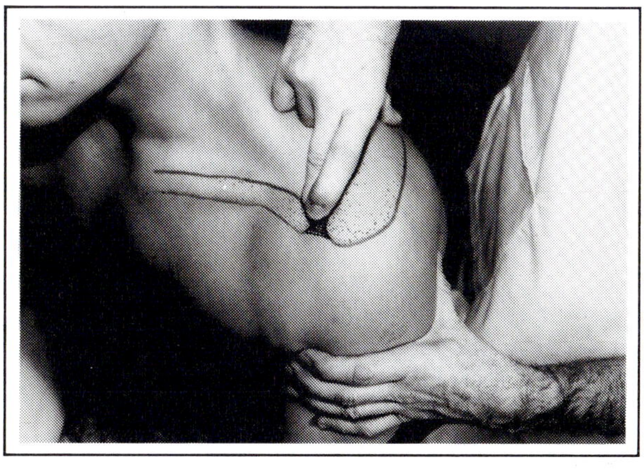

Técnica: Terapeuta en la parte posterior. Utiliza la mano izquierda para el lado izquierdo de la lesión y viceversa.

Coloca el 2° dedo apoyado con el 3° sobre el ligamento lesionado y realiza un movimiento transverso en el mismo mediante la realización de una flexoextensión de muñeca similar a la anterior, aunque en este caso es más dificultoso. Es por ello que Cyriax recomienda infiltraciones.

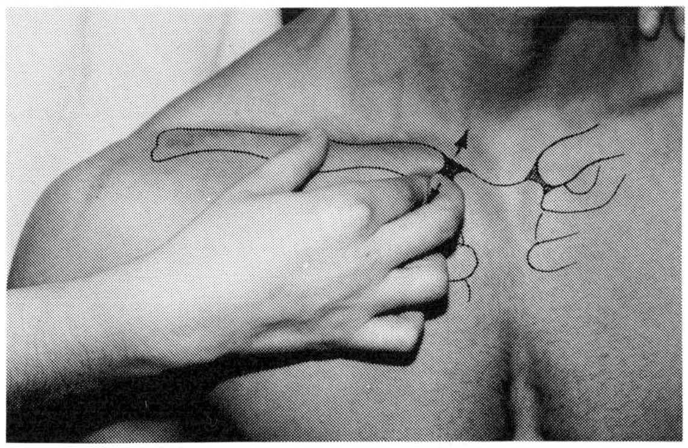

FOTO 3
ARTICULACIÓN ESTERNO-CLAVICULAR

MUSCULO PECTORAL MAYOR

El músculo pectoral realiza las funciones de adducción y anteversión o flexión del hombro y la rotación interna. La rotura masiva o desinserción requiere tratamiento quirúrgico. Las pequeñas lesiones se tratarán mediante F.T.P.

Mecanismo lesional: En todos los deportes de lanzamiento, Baloncesto, Futbol americano, Tenis, Jabalina, Balonmano, Natación, Voleibol, Lucha Libre y Fisioculturismo. También se pueden lesionar al levantar un peso, o por traumatismo directo.

Signos físicos: Dolor principalmente al realizar una adducción o anteversión contrarresistencia en la zona de la lesión, que es preferentemente en las cercanías de su inserción en el hombro. Existe además tumefacción y hematoma local. Dolor local a la presión en la parte anterosuperior del brazo. En ocasiones se observa una deformidad por rotura masiva del músculo.

Técnica de masaje: (Foto 4 y 5)

Posición del paciente: Semisentada con el brazo ligeramente en abducción y la mano sobre la cadera. Terapeuta colocado sentado al lado y asiendo la zona lesionada con la mano correspondiente al pectoral del paciente, es decir, mano izquierda para el pectoral izquierdo y viceversa.

Técnica: El terapeuta introduce el dedo pulgar por debajo del pectoral hasta localizar la lesión. Y los dedos 2°, 3° ó 4° en la parte superior dependiendo de la extensión de la lesión.

La fricción se realizará con un movimiento hacia atrás y hacia adelante movilizando de esta forma el tejido lesionado.

FOTO 4
CUERPO DEL MUSCULO
PECTORAL MAYOR

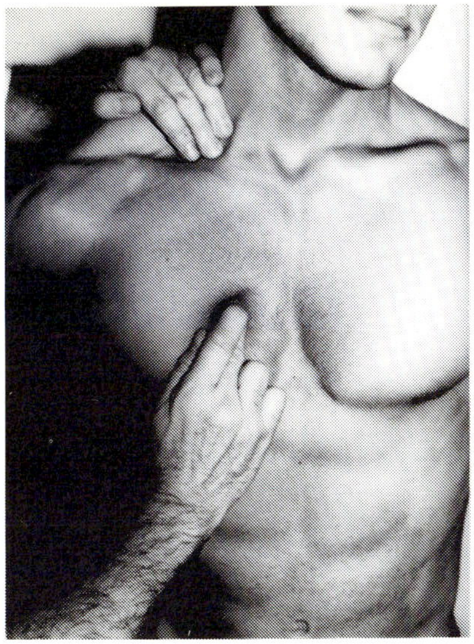

FOTO 5
CUERPO DEL MUSCULO
PECTORAL MAYOR

TENDON PECTORAL MAYOR

La inflamación del tendón del pectoral es menos frecuente.

Mecanismo lesional: En entrenamientos de fuerza, con ejercicios contrarresistencia repetitivos, que realizan los deportistas en el gimnasio. Es frecuente en culturistas, gimnastas, remeros, nadadores, lanzadores, golf...

Signos físicos: Dolor contrarresistencia a la adducción y la anteversión.

Tratamiento: Similar al desgarro muscular. Sólo que colocaremos el brazo del paciente en una abducción mayor, y lógicamente nuestros dedos se situarán en el punto exacto de la lesión del tendón en este caso. (Fotos 6 y 7)

TENDON SUPRAESPINOSO

Prácticamente en todos los deportes en los que se emplea el hombro con movimientos de elevación, en abducción y rotación externa, se puede producir una lesión inflamatoria en el mismo. En lanzadores, levantadores de peso, tenis, squash, luchadores, nadadores, jugadores de voleibol, etc.. se consideran la causa más frecuente del llamado «Hombro Doloroso». En ocasiones la lesión se produce por una cicatriz dolorosa tras curación incompleta del tendón del supra-espinoso. Hay que diagnosticar la no existencia de depósitos de calcio, muy frecuentes en deportistas. Estos depósitos pueden romperse en la bursa produciendo bursitis. El dolor que suele ser importante y repentino, se diagnostica por RX.; la F.T.P. está contraindicada en este caso.

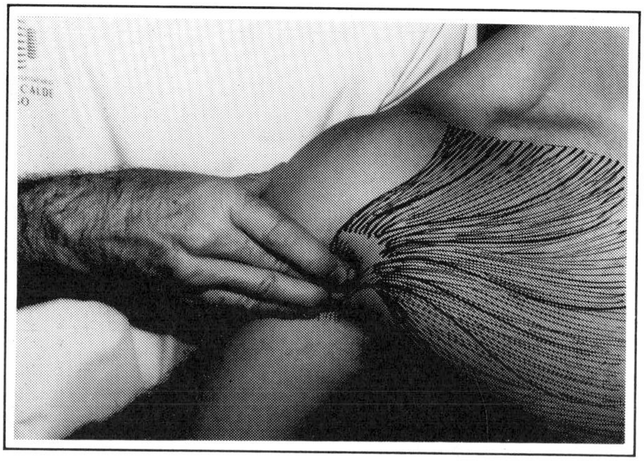

**FOTO 6
INSERCION
MUSCULO
PECTORAL MAYOR**

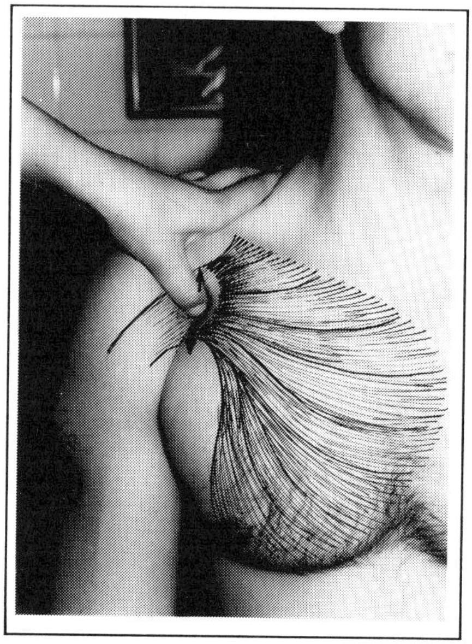

**FOTO 7
INSERCION MUSCULO
PECTORAL MAYOR**

Signos físicos: No hay dolor ni limitación al movimiento pasivo. La abducción del hombro contrarresistencia es positiva.

Dolor espontáneo al realizar abducción entre 80 - 120º y a veces dolor a la rotación externa.

Signos adicionales, según Cyriax:

Si la elevación pasiva provoca dolor, la lesión se encuentra entre la tuberosidad del húmero y la cavidad glenoidea, es decir, es muy distal.

Si encontramos arco doloroso, la lesión se encuentra también en el extremo distal del tendón. En ambos casos la lesión estará al alcance del terapeuta y su pronóstico sera positivo.

Si la elevación pasiva total no causa dolor y no hay arco doloroso, el problema puede estar en la unión músculo-tendinosa del supraespinoso.

Técnica de Masaje: (Fotos 8 y 9)

<u>Posición del paciente</u>: Sentado o semiacostado con el brazo del tendón lesionado colocado en la parte posterior del cuerpo, en la espalda, con el codo flexionado y el codo bien apoyado contra el cuerpo. De esta forma el brazo se encontrará fijado en adducción y rotación interna. El tendón aparece justo debajo del borde anterior del acromion, siendo fácilmente palpable.

El terapeuta se coloca en la parte posterior del paciente, o al lado justo enfrente del hombro, utilizando la mano derecha para el hombro derecho y viceversa.

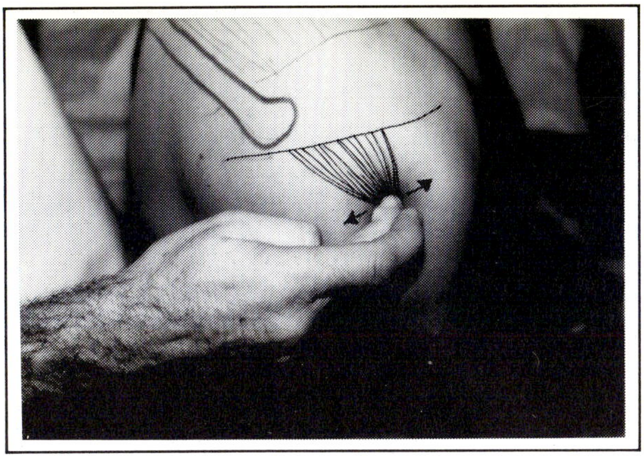

FOTO 8
TENDON
SUPRAESPINOSO

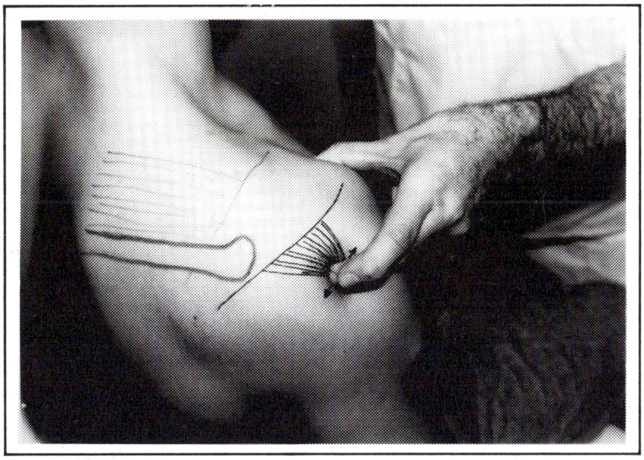

FOTO 9
TENDON
SUPRAESPINOSO

El terapeuta colocará el 2º dedo, reforzado por el 3º dedo y el pulgar, con su articulación interfalángica abierta para realizar una correcta contrapresión. Posteriormente realizaremos una flexoextensión de muñeca, haciendo que el dedo índice recorra desde la parte anterior del tendón a la posterior, en el punto exacto de la lesión.

Según Cyriax la tendinitis, en casi todos los pacientes, mejora en dos meses con 2 sesiones semanales de quince minutos cada una.

En el deporte de urgencia de resolución, nos obliga a realizar sesiones en días alternos, e incluso diarias con la sensación a veces por parte del deportista de empeoramiento en su inicio por la sensibilidad de los tejidos que recubren la tuberosidad ósea. A veces incluso llegan a confundirnos en cuanto a la localización del punto exacto de lesión, que no se corresponde en esta ocasión con el lugar de máximo dolor.

Hay que tener especial cuidado en la reincorporación del atleta a los entrenamientos y la competición pues es frecuente la recidiva.

BURSITIS SUBACROMIAL

La tendinitis de supraespinoso hay que diferenciarla claramente de la Bursitis subacromial. En la bursitis, la bolsa del hombro que está localizada entre el músculo supraespinoso y el acromion de la escápula, se suele inflamar con frecuencia como consecuencia del roce o micro-traumatismos entre el acromion y la cabeza humeral.

En ocasiones la inflamación de la bolsa subacromial va acompañada de inflamación de los tendones vecinos y viceversa («hombro del nadador», etc.)

Signos físicos: Dolor en la parte antero-supero-externa del hombro, con aumento de dolor a la palpación debajo del acromion, sobre la bursa.

Sensación de inflamación en dicha zona. Dolor en reposo y en la abducción con arco doloroso positivo a partir de los 70-80 grados. Los movimientos contrarresistencia no son dolorosos o ligeramente. Puede dar lugar, si se cronifica, a un hombro congelado.

En este caso se haya CONTRAINDICADA la F.T.P. por lo que debemos estar seguros del diagnóstico.

MUSCULO SUPRAESPINOSO - UNION MUSCULO-TENDINOSA

Mecanismo lesional: Se produce habitualmente como consecuencia del ejercicio repetitivo de los músculos del hombro con el brazo elevado por encima de dicho hombro. Es muy rara la rotura del cuerpo del músculo y la rotura del tendón. Se da en atletas mayores que, tras largos periodos de inactividad, vuelven al entrenamiento en deportes como balonmano, lanzamientos, culturismo, tenis, futbol americano, voleibol, etc..

Signos físicos: Dolor al realizar movimientos en rotación externa o rotación externa + elevación entre los 80-120 grados. Dolor a la presión en la zona de la inserción del tendón del hombro. Debilidad o dificultad para realizar ejercicios de abducción y elevación del brazo. Si hay un desgarro en la unión músculo-tendinosa la elevación pasiva es total e indolora. La abducción contrarresistencia será dolorosa. No hay arco doloroso lo cual nos indica una lesión en el extremo proximal del tendón.

Si hay rotura tendinosa, hay dificultades para la abducción. Si la rotura es parcial el brazo puede elevarse hasta los 60 - 80º, apareciendo ligero dolor, que se incrementará a medida que el brazo se va elevando.

Si la rotura es total el brazo puede mantenerse en un ángulo de más de 120º, pero cuando se desciende cae bruscamente.

Una radiografía simple en antero-posterior de hombro, nos descarta o no la posible existencia de calcificación del tendón del supraespinoso, en caso afirmativo se halla contrain-dicada la F.T.P.

Técnica de masaje: (Foto 10)

Si la lesión es en la unión músculo-tendinosa, el paciente se coloca sentado en una silla con el brazo en abducción colocado sobre la camilla y apoyado en un cojín o almohada. Así conseguiremos relajar el músculo supraespinoso, y permite un acceso más adecuado.

El terapeuta se coloca de pie en el lado opuesto al hombro a tratar. Pasa

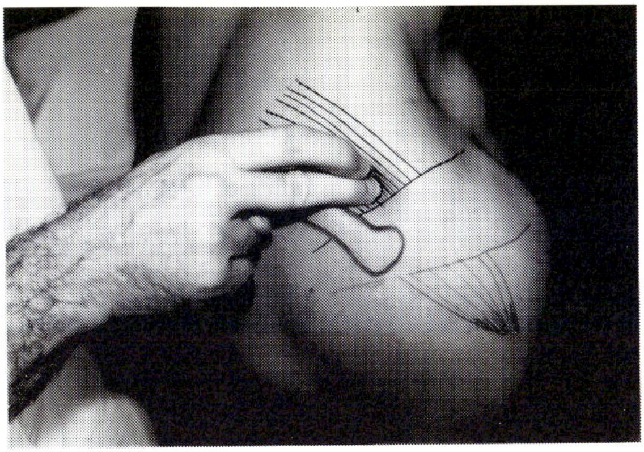

FOTO 10
MUSCULO SUPRAESPINOSO

la extremidad superior por detrás del cuello de éste, y presiona con la punta del 3° dedo reforzado por 2° y 4° dedos. El dedo pulgar se coloca en la zona posterior al cuello del paciente para servirnos de apoyo. Posteriormente y manteniendo la presión en el punto de lesión se aplica una fricción transversa mediante un movimiento de pronación y supinación de la muñeca y no realizando un movimiento de deslizamiento lateral y medial de la misma.

El tratamiento efectuado durante 15 minutos nos dará buenos resultados en el transcurso de unos 10 días aproximadamente.

TENDON INFRAESPINOSO

El infraespinoso, junto al redondo menor, produce la rotación externa del hombro. Sus tendones forman parte del denominado **manguito de rotadores**.

En su inserción en la tuberosidad mayor del hombro es el lugar donde se suele producir la lesión.

Signos físicos: La rotación externa contrarresistencia, produce dolor. El resto de los movimientos contrarresistencia son indoloros. Aunque al elevar pasivamente el brazo al límite, si puede provocar dolor.

Segun Cyriax, si aparece arco doloroso, la lesión puede encontrarse entre el acromion y la tuberosidad.

Técnica de masaje: (Fotos 11 y 12)

Posición del paciente: Se coloca en decúbito prono, apoyándose sobre los codos. Posteriormente realizaremos una rotación externa del hombro indicando al paciente que agarre con la mano el borde de la camilla, tal y como se indica en la figura. Así conseguimos apartar la tuberosidad del acromion. Si realizamos finalmente una adducción del brazo conseguimos que la tuberosidad humeral aparezca por debajo del acromion. Si palpamos la espina de la escápula y nos dirigimos hacia la articulación escápulo humeral, palparemos fácilmente el tendón justo debajo de la misma.

El terapeuta se sienta en el costado del paciente y coloca el dedo pulgar de la mano correspondiente al hombro a tratar sobre el tendón, en el pun-

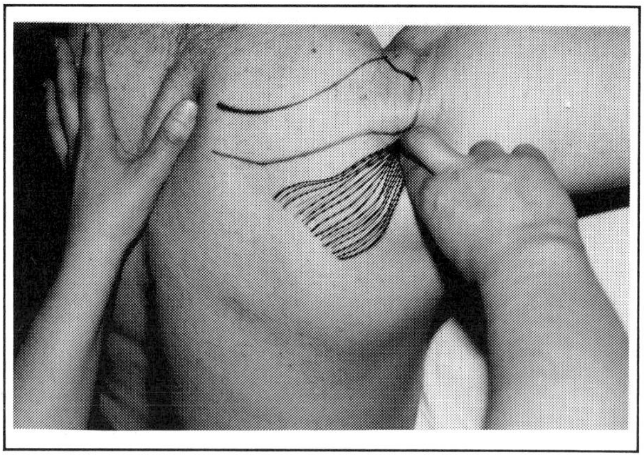

FOTO 11
TENDON INFRAESPINOSO

punto de la lesión, y el resto de los dedos de la mano en la parte anterior del hombro. Una vez en posición se puede realizar una adducción del dedo pulgar, para realizar la fricción. Como no es conveniente realizar la fricción con la misma estructura que se está friccionando, podemos realizar un movimiento de prono-supinación del antebrazo, simulando el movimiento que realizamos al exprimir una naranja.

La duración de la sesión de tratamiento puede llegar a 20 minutos en días alternos.

TENDON SUBESCAPULAR

El músculo subescapular se origina en la superficie interna de la escápula, discurre hacia la articulación del hombro insertándose en la parte alta de la cara anterior de la cabeza del húmero. Su función es la rotación interna del hombro.

En deportes como los lanzadores, beisbol, futbol americano, tenis, squass, badminton, sufre frecuentemente inflamaciones de este tendón, e incluso pequeñas roturas. Los lanzadores de jabalina, balonmano, voleibol, son también afectados por esta patología.

FOTO 12
TENDON INFRAESPINOSO

Signos físicos: Dolor al girar el brazo hacia adentro al estar situado éste por encima de la horizontal. Dolor contrarresistencia a la rotación interna del hombro. Los otros tres rotadores internos, pectoral mayor, dorsal ancho, y redondo mayor, son principalmente adductores, por ello hay menos dolor o nada a la adducción contrarresistencia. Dolor «a punta de dedo» al presionar el tendón en su inserción humeral.

Los movimientos pasivos suelen ser normales.

Si el dolor aparece a la abducción de 80 - 120º en arco doloroso se halla afectado en la parte más alta de la tuberosidad menor. Si es dolorosa la adducción pasiva total del brazo a través del tórax, la afectación será en la parte inferior por encontrarse esta parte contraída contra la apófisis coracoides.

Técnica de masaje: (Foto 13)

Posición del paciente: Sentado o semiacostado sobre la camilla. Colocar la mano sobre el muslo, manteniendo una flexión del codo.

El masajista se sienta al lado, y coloca el pulgar sobre la cabeza del húmero, localizando la corredera bicipital. Junto al borde interno de la corredera bicipital se encuentra el tendón del subescapular, que se aprecia muy duro. El músculo deltoides nos molesta para poder aplicar correctamente la fricción, por ello realizaremos una flexión de la articulación interfalángica distal para retirar el borde deltoides y así realizando un movimiento en sentido vertical hacia arriba y abajo con el pulgar aplicando una contrapresión con el resto de los dedos apoyados por detrás del hombro. Resulta difícil la localización y es doloroso.

FOTO 13
TENDON SUBESCAPULAR

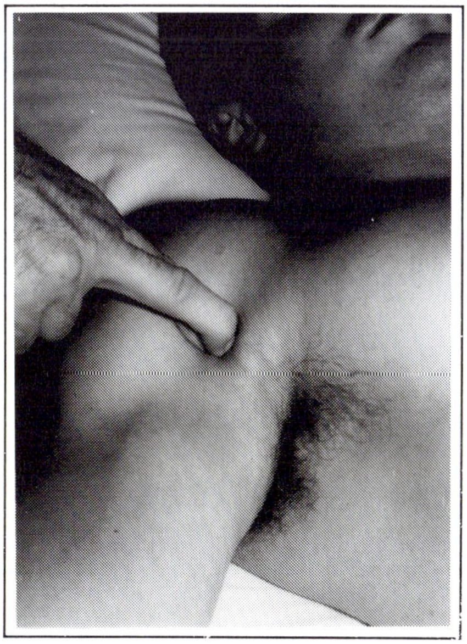

También nos sirve de referencia la apófisis coracoides, ya que justo por debajo transcurre el subescapular.

ROTURA E INFLAMACION MUSCULO DELTOIDES

Son muy raras las roturas, aunque ocasionalmente en balonmano, voleibol, luchadores, etc.. pueden producirse. Es más frecuente la inflamación (entesitis) de la inserción en el húmero.

Signos físicos: Dificultad a la abducción, anteversión o flexión. Dolor a la abducción en la zona inserciónal. Se siente dolor local en el lugar de la rotura. La inflamación de la inserción del deltoides en el húmero es menos rara. Se ve en nadadores de estilo mariposa o en deportes de lucha puede ocurrir.

Técnica de masaje: Paciente sentado o semiacostado. Hombro en separación (elevación + abducción) de 70 - 80 grados. Terapeuta detrás del paciente localizado el punto de la lesión con el dedo 2º reforzado con el

3º y el pulgar realizando contra-presión. Se realiza posteriormente una flexoextensión de muñeca en el sentido transverso a las fibras. (Foto 14)

FOTO 14
MUSCULO DELTOIDES

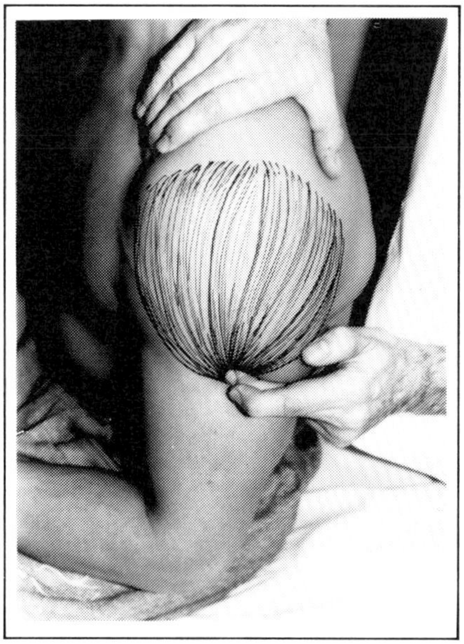

MUSCULO BICEPS BRAQUIAL

TENDON PORCION LARGA

Lesión frecuente tanto a su rotura parcial como en su inflamación en deportes en los que se realiza un esfuerzo exagerado y continuo: badminton, remeros, levantadores de peso, lanzadores de jabalina, tenista.

En gente joven es muy rara la rotura, pero no así la inflamación.

El tendón largo del bíceps discurre sobre la cabeza del húmero por dentro de la articulación del hombro y se inserta inmediatamente por encima de la cavidad articular de la escápula. Los trastornos se suelen producir en la parte media del tendón.

Signos físicos: Dolor moderado en la parte anterior de la articulación del hombro, con tumefacción.

La articulación del hombro tiene tanto el movimiento pasivo y contrarresistencia totalmente indoloro.

La flexión y la supinación del codo contrarresistencia, sí ocasiona dolor en la parte superior del brazo.

Técnica de masaje: (Foto 15)

Posición del paciente: Semiacostado sobre la camilla, con la mano en pronación apoyada sobre el muslo.

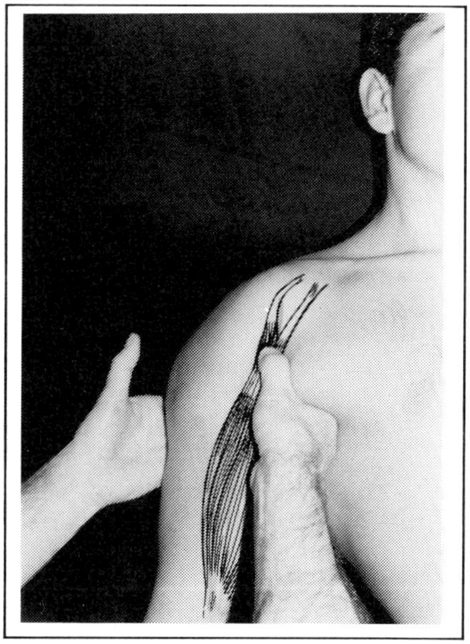

FOTO 15
MUSCULO BICEPS BRAQUIAL
TENDON PORCION LARGA

El masajista se coloca frente al deportista. Localiza el surco del Húmero donde se encuentra el tendón. Para su identificación se puede poner en tensión el tendón realizando un movimiento contrarresistencia. Posteriormente colocamos el dedo pulgar sobre el tendón, y aplicamos contrapresión con el resto de los dedos colocados en la parte dorsal del brazo o en la parte interna. Realizando la fricción adducciendo y abducciendo el brazo y preferiblemente con flexión y extensión de muñeca.

También se puede realizar la fricción dejando el pulgar presionando sobre el tendón y realizar un movimiento de rotación externa-interna del húmero, asiendo la muñeca del paciente con el brazo flexionado.

MUSCULO BICEPS BRAQUIAL

El mecanismo lesional es similar a la lesión del tendón, pero en este caso en movimientos bruscos y exagerados en los que interviene el músculo bíceps, como el levantamiento de pesos, los saques de tenis, la pelota vasca, etc, en los cuales se puede producir una rotura del músculo.

Los signos físicos son dolor, principalmente a la flexión y supinación del codo contrarresistencia. A la palpación observamos un lugar de dolor vivo en los casos agudos y una cicatriz en periodos crónicos.

***Técnica*:** (Fotos 16 y 17)

Posición del paciente: sentado o tumbado con el codo flexionado para mantener relajado el músculo. El terapeuta se coloca del lado del brazo lesionado y coge el músculo en el punto lesional, utilizando los dedos índice, medio o incluso el anular en la zona interna y el pulgar en la parte externa. Posteriormente se realiza un movimiento hacia adelante y atrás, aplicando de esta forma la fricción.

FOTO 16
MUSCULO BICEPS BRAQUIAL

***Duración*:** en periodos agudos con 5 minutos todos los días es suficiente. Posteriormente 10-15 mn. en días alternos puede solucionar la lesión.

FOTO 17
MUSCULO BICEPS BRAQUIAL

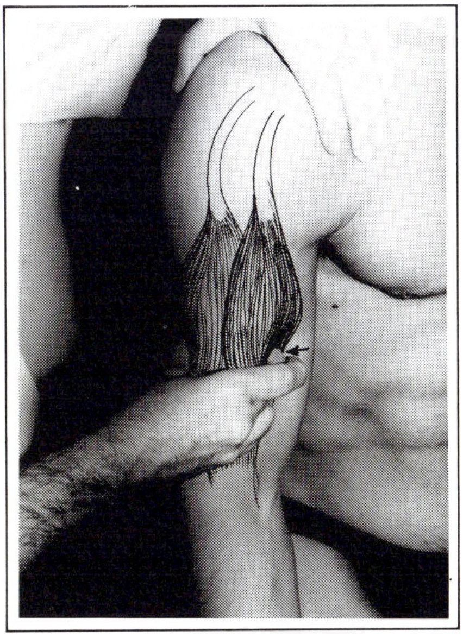

Otras técnicas complementarias a utilizar son la técnica neuromuscular en la contractura reactiva muscular y también un vendaje funcional.

CODO

La articulación del codo está formada por la unión de Húmero con el Cúbito y Radio. No sólo permite la flexoextensión del antebrazo, sino también la pronosupinación del mismo.

El Dr. Cyriax contraindica el Masaje Transverso Profundo en las artritis traumáticas de la articulación del codo, por el riesgo de provocar miositis calcificante.

Es importante tener en cuenta la proximidad a la articulación del codo en su cara anterior, interna y externa de vasos sanguíneos y nervios, que pueden agravar aún más una lesión traumática.

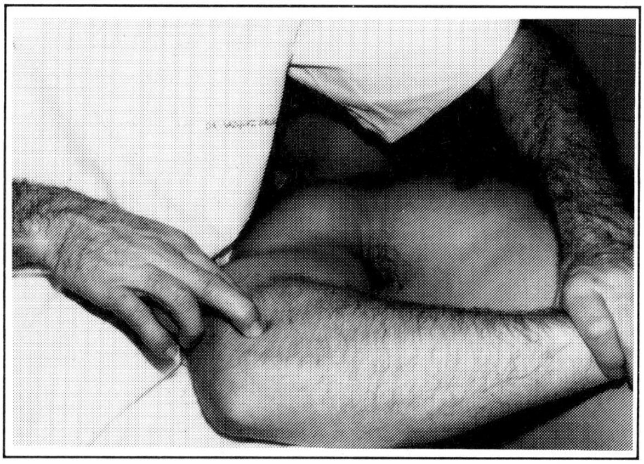

FOTO 18
CODO

La lesión del codo, fundamentalmente en el deportista y en la gente que realiza trabajos mecánicos repetitivos con el mismo, suele acaecer generalmente por mecanismos microtraumáticos a nivel del epicóndilo (codo del tenista, etc.), epicondilitis externa a nivel de la epitróclea (epicondilitis medial, codo del lanzador, del golfista....). De ahí que la F.T.P. esté especialmente indicada en este tipo de lesiones que a continuación describimos. (Foto 18)

TENDON DEL BICEPS - INSERCION RADIAL

El mecanismo de la lesión es post-esfuerzo repetido de flexión y/o supinación del codo.

Signos físicos: Dolor contrarresistencia en ambos movimientos. A la palpación, fuerte sensibilidad en el punto lesional con irradiación incluso hacia el antebrazo.

Técnica: (Foto 19)

Posición de paciente: tumbado o semiacostado en la camilla y con el antebrazo colocado en supinación. El terapeuta se sienta en el lado de la lesión. Con una mano sujeta el brazo del paciente y con el dedo índice o bien el pulgar localiza el punto de la lesión en la tuberosidad radial o punto de inserción del tendón del bíceps realizando a continuación una flexoextensión de la muñeca.

Cyriax también realiza la técnica

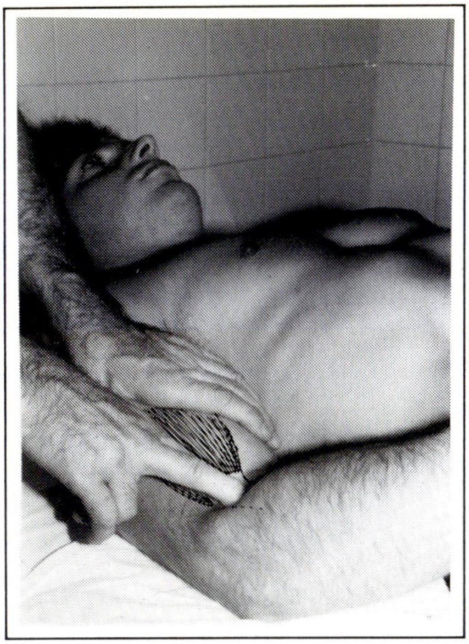

FOTO 19
TENDON DEL BICEPS
INSERCION RADIAL

cogiendo con una mano el antebrazo del paciente a la altura de la muñeca y moviendo ésta en pronosupinación con el dedo inmóvil en el tendón, ejerciendo de esta forma la fricción.

Duración: es de unos 10 mn. en días alternos hasta su completa resolución.

Tras la aplicación de la F.T.P. están contraindicados los ejercicios contrarresistencia.

CODO DEL TENISTA-EPICONDILITIS LATERAL

Como su mismo nombre indica, el codo del tenista es una lesión que se produce principalmente en practicantes de este deporte, aunque también afecta a jugadores de squash, badminton, ping-pong, golf, motociclistas y a trabajadores de la limpieza, electricistas, mecánicos, carpinteros, etc...

Es más frecuente en pacientes de más de 40 años, y suele aparecer principalmente en el epicóndilo lateral del húmero, lugar de origen de los músculos extensores de los dedos y la muñeca. En concreto los más implicados suelen ser el «segundo radial externo», el «extensor común de los dedos», el «primer radial externo» y el «cubital posterior».

Casi siempre la cicatriz dolorosa se encuentra en la unión tenoperióstica.

Signos físicos: dolor en la parte externa del codo que puede irradiarse hacia el antebrazo en su cara externa. Debilidad en la muñeca, con dificultad para ejecutar movimientos simples. El dolor puede ser reproducido por percusión o presión en el epicóndilo lateral.

Si la afección está en el «Tendón extensor común», los movimientos contrarresistencia de extensión de la muñeca y la desviación radial son dolorosos, el resto de movimientos pasivos y contrarresistencia resultan indoloros.

El diagnóstico diferencial debe realizarse, con un cuerpo libre en la articulación, una afección reumática o el atrapamiento del nervio a nivel de quinta y sexta vértebra cervical.

Técnica: (Fotos 20 y 21)

El Dr. Cyriax considera la F.T.P. como un paso preliminar a la manipulación. No se puede emplear, por lo tanto, de forma aislada. La función de la fricción sería el crear una hiperemia local reactiva en la cicatriz que posteriormente hay que romper con la manipulación.

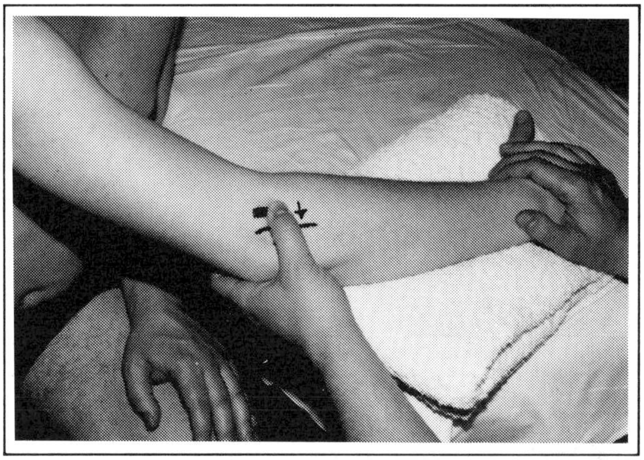

FOTO 20
CODO DEL TENISTA
EPICONDILITIS
LATERAL

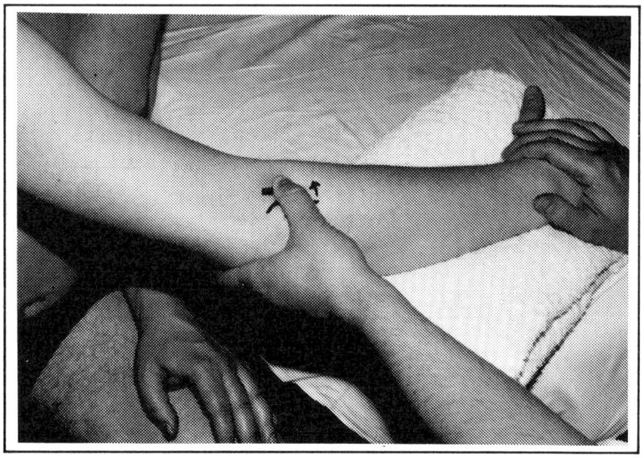

FOTO 21
CODO DEL TENISTA
EPICONDILITIS
LATERAL

Posición de paciente: el paciente se coloca sentado a un lado de la camilla con el codo flexionado en ángulo recto y la mano totalmente supinada. Se intentará que el lado en el cual se sienta el paciente sea el adecuado para que justo el codo quede fuera de la camilla. El terapeuta se coloca enfrente del codo.

Posteriormente el masajista localiza el punto de la lesión, justo por delante del epicóndilo lateral del húmero, donde se encuentra el origen del músculo extensor común, utilizando el dedo pulgar de la mano. Con la otra mantiene el antebrazo en supinación. La fricción se realiza mediante la flexión de la articulación distal del pulgar que presiona fuertemente contra el epicóndilo hacia el oleocranon y la realización de una flexión combinada de todos los dedos que se encuentran en el lado interno del codo haciendo una contrapresión, sincrónicamente. También se puede realizar manteniendo el pulgar fijo sobre la lesión y la realización de una flexoextensión de muñeca.

La duración debe ser de unos 15 minutos aproximadamente.

"MANIPULACION DE MILL"

Se utiliza la manipulación cuando el lugar de afectación es en el epicóndilo humeral. Hay que tener mucho cuidado de conseguir una extensión completa del codo, de lo contrario podríamos lesionar el mismo al intentar realizar la manipulación. Si se realiza correctamente conseguimos desbridar rompiendo la fibrosis y adherencias formadas en la cicatriz dolorosa. (Foto 22)

mediante un movimiento de flexión de muñeca y extensión del codo, y al llegar a dicho límite provocar un «Trust» o empuje seco y preciso que ejecute la manipulación. Esta acción puede producir dolor ya que se extiende totalmente la cicatriz dolorosa.

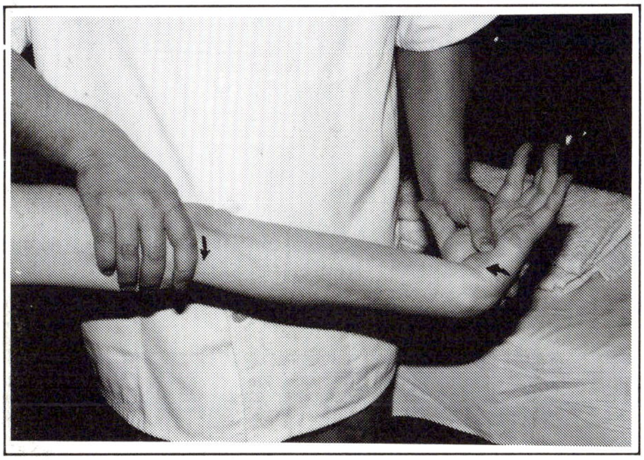

**FOTO 22
MANIPULACION DE
MILL**

***Posición del paciente*:** sentado en una silla, con el brazo en abducción de 90 grados hasta colocarlo horizontal respecto al suelo. Posteriormente realizamos una rotación interna del brazo hasta que el oleocranon y la palma de la mano queden hacia arriba.

El terapeuta se coloca en la parte posterior del paciente. Con una mano sujeta el húmero a la altura de los epicóndilos y realiza una presión hacia el suelo. Con la otra coge de la mano, colocando el pulgar sobre la palma y el resto de los dedos en el dorso y se provoca una flexión forzada de la muñeca. En esta posición se extiende el tendón del extensor común.

Una vez en posición, el terapeuta debe de llegar al límite del movimiento pasivo, al denominado JOINT PLAIN, o juego de seguridad, es decir, llegar a la máxima tensión

Hay que manipular justo después de la fricción mientras exista la hiperemia de la misma. Si hay dificultad para la extensión completa del codo, no se realiza la manipulación, pero sí es conveniente provocar el estiramiento de la cicatriz.

Conclusión: Si el diagnóstico de «codo de tenista» está bien realizado y si el punto de máximo dolor se encuentra en la unión tenoperióstica, la realización de la Manipulación de Mill acelera la evolución positiva de la lesión. La F.T.P. exclusivamente, no obtiene unos resultados adecuados.

CODO DE TENIS - CUERPO DEL TENDON

La lesión se produce en los músculos radiales externos y se localiza unos centímetros por debajo del epicóndilo. Es más rara que la anterior pero la fricción tiene una buena indicación ya que es más rara la formación de cicatriz dolorosa. (Foto 23)

Posición de paciente: sentado en un lado de la camilla con el brazo a 45 grados de la extensión total y el antebrazo en pronación. El masajista se sienta frente al paciente y con el dedo pulgar localiza la zona de la lesión con precisión ya que es una zona muy sensible aún sin existir lesión y puede confundirse. Hay que comparar adecuadamente ambos lados. El movimiento de flexoextensión de muñeca producirá una acción del pulgar utilizando los otros dedos como punto de apoyo en el lado interno del codo.

Tras la F.T.P. no se realiza la Manipulación y la duración de la misma es entre 10 y 15 minutos en días alternos. Debe advertirse al paciente del aumento del dolor y de sensación hiperálgica los primeros días tras la fricción.

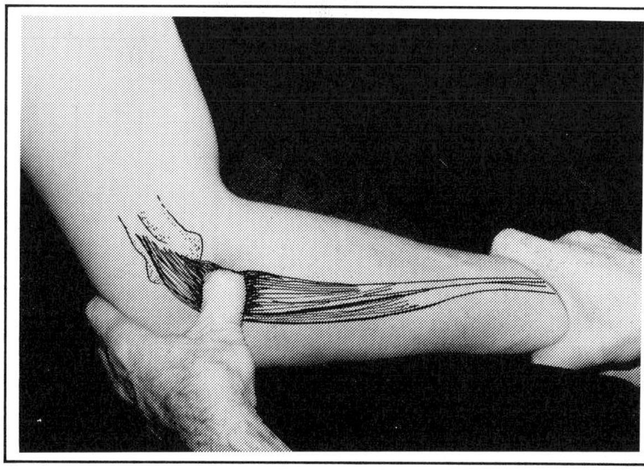

FOTO 23
CODO DE TENIS
CUERPO DEL TENDON

CODO DE TENIS - ORIGEN DEL MUSCULO PRIMER RADIAL EXTERNO

El músculo primer radial se origina en la cresta supracondilea del húmero. Es muy raro que se produzca la inflamación de la inserción, pero es la más fácil de curar con la F.T.P. (Foto 24 y 25)

Posición del paciente: sentado al lado de la camilla con el codo en

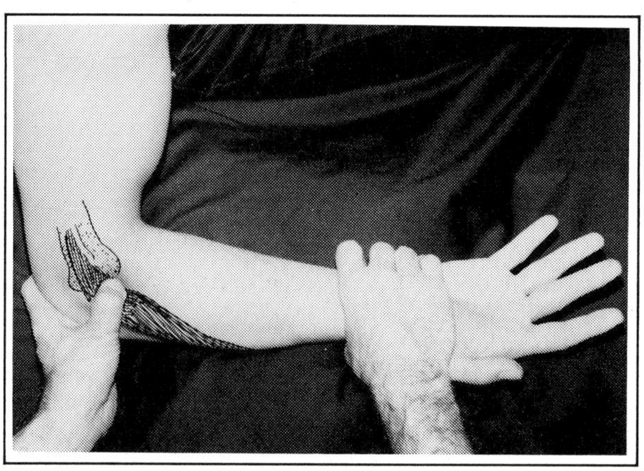

FOTO 24
CODO DEL TENISTA
EPICONDILITIS
HUMERAL

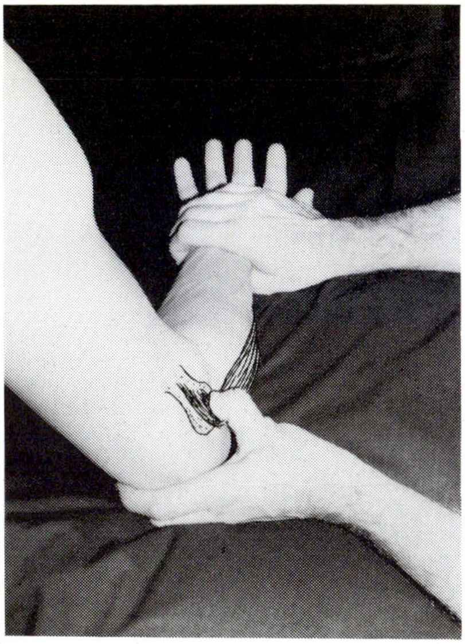

FOTO 25
CODO DEL TENISTA
EPICONDILITIS HUMERAL

flexión de 90 grados y en supinación completa. El terapeuta coloca el pulgar por encima del epicóndilo sobre la cara anterolateral del húmero. Después imparte una fricción llevando el pulgar hacia adelante y hacia atrás sobre la región del nacimiento del músculo.

Tras la fricción no es aconsejable realizar manipulación ni ejercicio. La duración de la sesión será de unos 15 minutos en días alternos.

«CODO DE LANZADOR» O «DE GOLFISTA»- EPICONDILITIS MEDIAL O EPITROCLEITIS

Es similar al codo de tenis pero los síntomas se localizan en la cara interna, en la epitróclea. Esta lesión es frecuente en golfistas, lanzadores de jabalina, en el beisbol, etc... En el tenis también se puede dar en jugadores que pronan excesivamente el antebrazo para realizar un efecto exagerado de la pelota, o por golpes directos en la epitróclea.

La lesión se produce en los músculos flexores de la muñeca que tienen su origen en el epicóndilo medial del codo (o epitróclea humeral).

Signos físicos: dolor a la presión en la epitróclea pero sin irradiación hacia el antebrazo. Los movimientos pasivos son indoloros pero la flexión de muñeca sobre todo, y a veces la pronación contrarresistencia provocan dolor agudo.

Esta región es muy dolorosa de por sí, por lo tanto será necesaria la exploración cuidadosa. (Fotos 26 y 27)

Posición del paciente: sentado en un lado de la camilla, con el brazo extendido en supinación sobre la misma. El terapeuta se sitúa detrás del mismo en el otro lado de la camilla.

El terapeuta mantiene extendido el codo. Con el dedo índice reforzado por el medio, lo coloca sobre la lesión realizando una contrapresión con el dedo pulgar situado en la parte externa del codo. El movimiento del dedo debe ser horizontal y se consigue realizando una flexoextensión de la muñeca.

El masaje es muy doloroso ya que debe realizarse de forma enérgica durante unos 15 minutos por lo que habrá que intentar comenzar lentamente e ir presionando de forma progresiva.

Si la lesión, en lugar de encontrarse en la zona tenoperióstica, se encuentra en la unión músculo-tendinosa

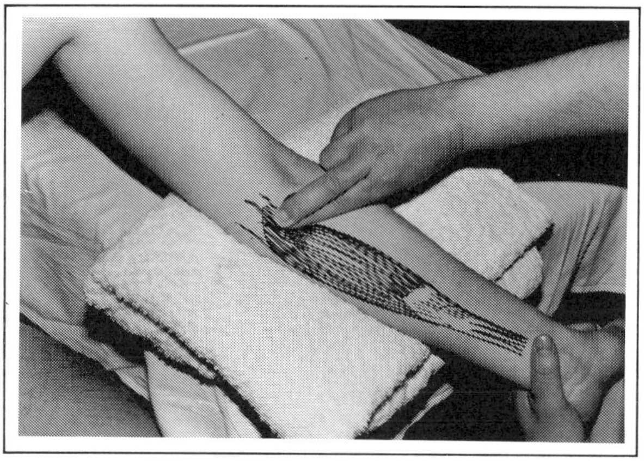

FOTO 26
CODO DEL LANZADOR O DEL GOLFISTA. EPICONDILITIS MEDIAL O EPITROCLEITIS

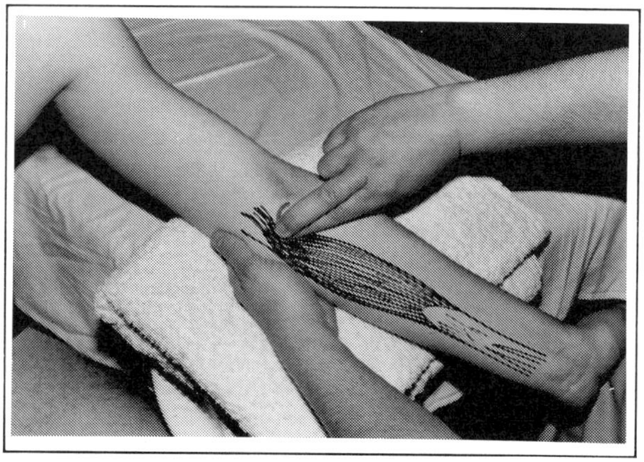

FOTO 27
CODO DEL LANZADOR O DEL GOLFISTA

ésta suele asentarse en el borde inferior del epicóndilo interno (o epitroclea).

Posición del paciente: semirreclinado sobre la camilla, con el brazo extendido y el antebrazo en supinación.

El masajista se coloca al lado, sujetando con una mano la posición de supinación del antebrazo del paciente y el codo en extensión. Con el índice reforzado con el medio de la otra mano y el pulgar realizando una contrapresión en el lado externo realiza una flexoextensión de la muñeca al mismo tiempo que rota el antebrazo con la otra mano aplicando un movimiento de vaivén al mismo. Resulta también bastante doloroso.

La duración es de unos 10 minutos en días alternos o cada tres días. Buena evolución.

MUSCULO SUPINADOR CORTO

Se confunde frecuentemente con el codo de tenista y suele tratarse inadecuadamente. La F.T.P. resulta eficaz.

Signos físicos: dolor inespecífico en la cara externa del codo y dolor contrarresistencia en la supinación con el brazo extendido. El diagnóstico diferencial con el bíceps se realiza produciendo una flexión contrarresistencia del codo que resulta indolorosa.

Posición del paciente: sentado a lado de la camilla con el antebrazo en pronación total. El masajista coloca el pulgar sobre la lesión y presiona profundamente, con una flexión de la articulación interfalángica del mismo. La fricción se efectúa por la acción de adducción y abducción alternada del pulgar. (Foto 28 y 29)

La duración es de unos 15 minutos, tres veces por semana.

Signos físicos: dolor al realizar una extensión y una desviación lateral o cubital de la muñeca contrarresistencia.

Posición de paciente: sentado en una silla en un lado de la camilla. Coloca la mano sobre la misma. El masajista coge los dedos de la mano del paciente con una mano y produce una desviación radial o medial de la misma, pudiendo ocasionar dolor en el

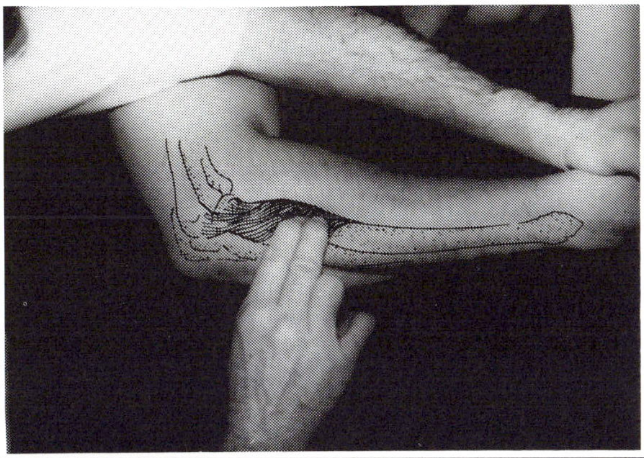

**FOTO 28
MUSCULO
SUPINADOR CORTO
(con 2º y 3er dedos)**

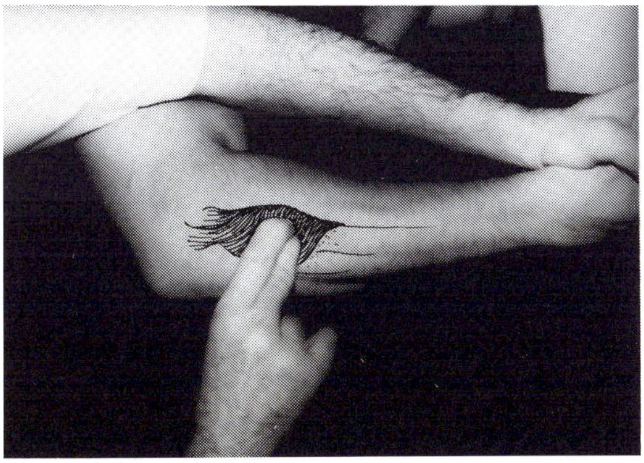

**FOTO 29
MUSCULO
SUPINADOR CORTO
(con 3er dedo)**

tendón cubital externo nos puede ayudar a localizar más exactamente el punto de la lesión. Con los dedos índice y medio de la otra mano se apoyan sobre la lesión y se imprime un movimiento posterior sobre las raíces del tendón. (Foto 30)

MUÑECA

TENDON CUBITAL ANTERIOR (EXTERNO)

Tenosinovitis producida por un sobreúso de la articulación de la muñeca.

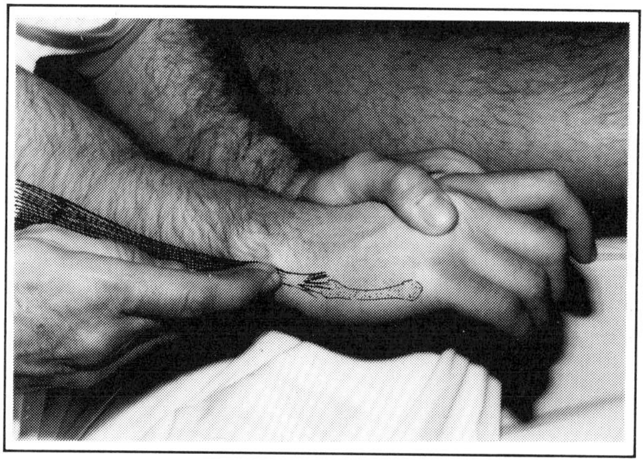

FOTO 30
TENDON CUBITAL ANTERIOR

La duración del tratamiento será entre 15 y 20 minutos en días alternos. Deben evitarse los ejercicios y los movimientos que produzcan dolor.

TENDON DEL MUSCULO PRIMER Y SEGUNDO RADIAL

Su inserción en segundo y tercer metacarpiano es el lugar más habitual de asiento de esta tenosinovitis producida también por un exceso de actividad.

Los signos físicos: son dolor en el dorso de la muñeca, así como en extensión y la desviación radial contrarresistencia. Resto de los movimientos indoloros.

Técnica: (Foto 31)

Posición del paciente: sentado al lado de la camilla con la mano sobre la misma. El terapeuta coge con una mano la muñeca y provoca una flexión de la misma, para ello el paciente coloca la suya en el borde la camilla. Así conseguimos poner tensos los tendones. Con el dedo índice y medio de la otra mano se identifica el lugar de la lesión y se produce un deslizamiento de la misma sobre el tendón mediante un movimiento antero-posterior de los mismos.

ABDUCTOR Y EXTENSORES DEL PULGAR

Tenosinovitis frecuente por el sobreuso del primer dedo. Se localiza un dolor en el lado radial de la muñeca siendo negativos los movimientos de la muñeca pero

FOTO 31
TENDON DEL MUSCULO 1º Y 2º RADIAL

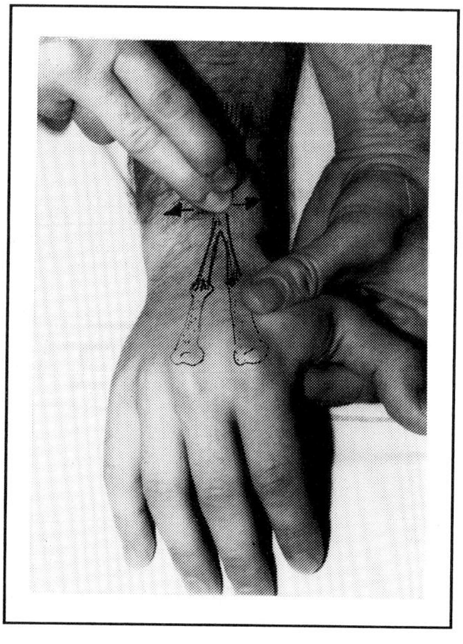

provocándose dolor al abducir y extender el dedo pulgar.

Técnica: (Fotos 32 y 33)

Posición de paciente: sentado con el antebrazo en la camilla dejando a mano flexionada en el extremo de la misma. El terapeuta con una mano sujeta la muñeca flexionada y con el pulgar de la otra lo coloca sobre la lesión y realiza un movimiento de abducción-adducción del mismo.

La duración del tratamiento es entre 10 y 15 minutos en días alternos.

TENDONES FLEXORES DE LA MUÑECA

La Tenosinovitis de los tendones flexores es bastante frecuente. Suele ser provocada por un sobreuso de la muñeca en flexión como por ejemplo en los masajistas que aplican F.T.P. de Cyriax.

Signos físicos: dolor e inflamación, edema incluso visible en los tendones del antebrazo. El diagnóstico se realiza por la flexión de la muñeca o los dedos contrarresistencia.

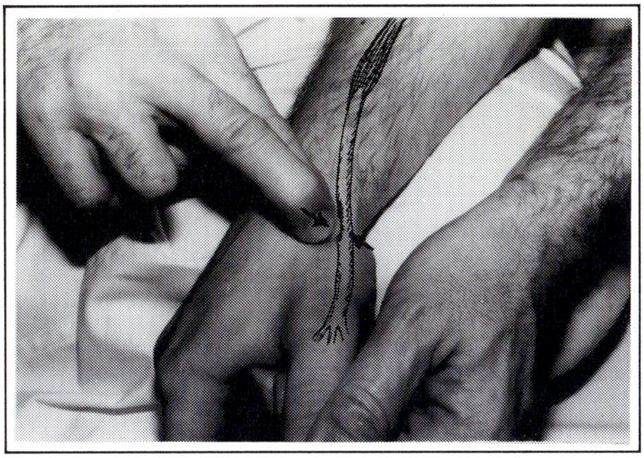

FOTO 32
EXTENSOR DEL PULGAR

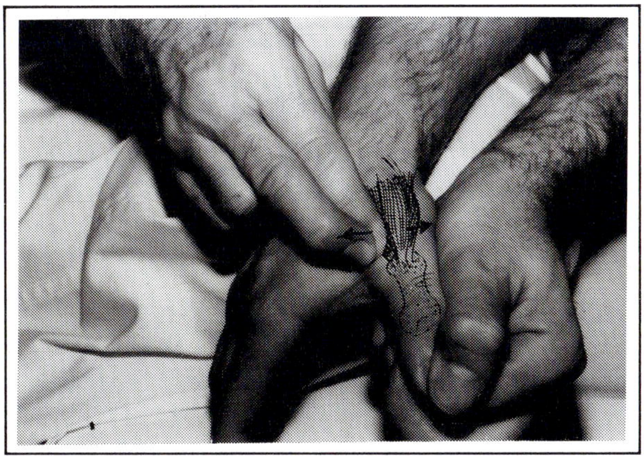

FOTO 33
EXTENSOR DEL PULGAR

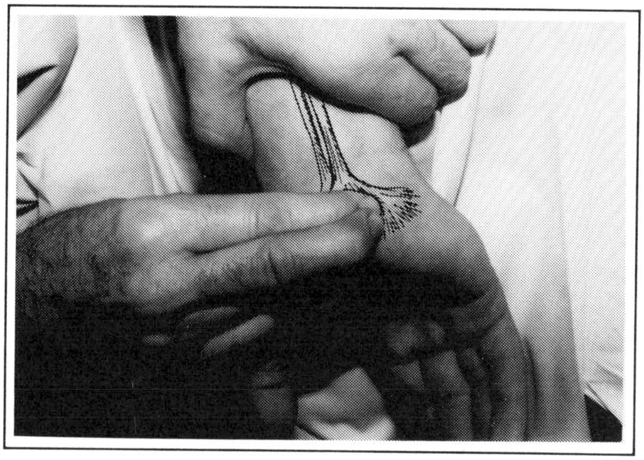

FOTO 34
TENDONES FLEXORES DE LA MUÑECA

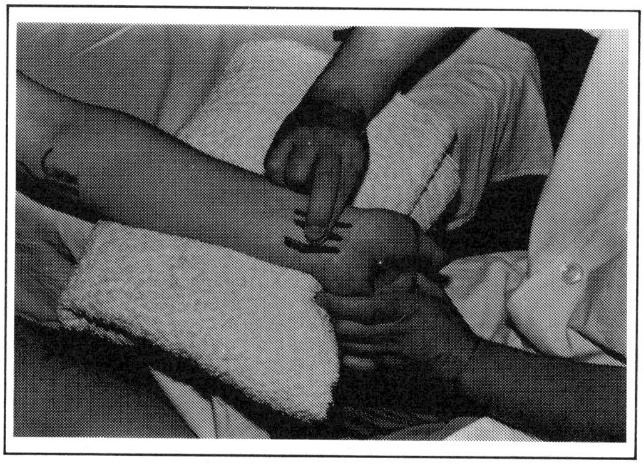

FOTO 35
TENDONES FLEXORES DE LA MUÑECA

Técnica: (Foto 34 y 35)

Posición de paciente: sentado con el antebrazo sobre la camilla en posición de supinación y con la mano en el extremo de la misma.

ESGUINCE DE MUÑECA EN FLEXION (Ligamento dorsal del carpo)

Tras un esguince en flexión de la muñeca se produce una distensión de los ligamentos que rodean al hueso grande, principalmente el que une éste con el semilunar.

La sensibilidad dolorosa se puede mantener durante mucho tiempo debido a la posible formación de adherencias. La flexión pasiva provoca dolor y los puntos lesionados son fácilmente palpables.

Técnica: (Fotos 36 y 37)

Posición del paciente: con la muñeca flexionada el terapeuta coloca el dedo pulgar o los dedos índice y medio sobre la lesión y realiza la fricción con un movimiento de lateralización de los dedos.

Duración: Unos 10 mn. en días alternos.

MUSCULO INTEROSEO DORSAL DE LA MANO. LESION

Se produce como consecuencia de un traumatismo directo, secundario a

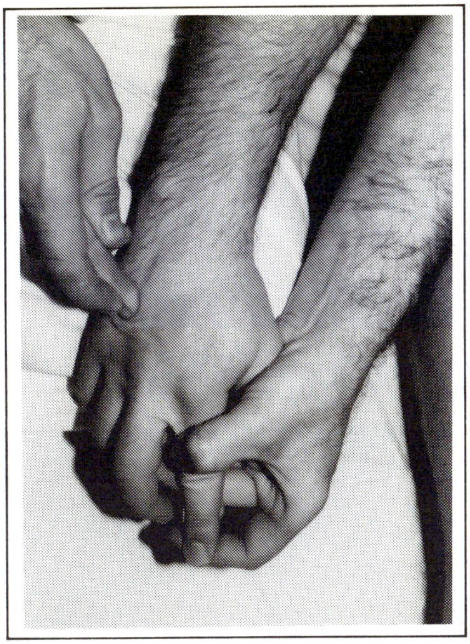

FOTO 36
ESGUINCE DE MUÑECA
EN FLEXIÓN

mano del paciente que se encuentra apoyada sobre la camilla. La F.T.P. se aplica con un movimiento de pronosupinación del antebrazo.

Duración: 10 mn. en días alternos. En pocas sesiones se soluciona aún cuando la lesión sea antigua.

Extremidad inferior

CADERA

MUSCULOS ADDUCTORES - INFLAMACION (TENDINITIS DE ADDUCTORES)

Son un grupo muscular que producen la aproximación de la pierna hacia la linea media. El músculo adductor mediano es el que más se lesiona en la práctica deportiva. Con éste, el adductor mayor, el menor, el pectíneo, junto al recto interno y fibras inferiores al músculo glúteo mayor también actúan como adductores.

El fútbol es el deporte en el cual el músculo adductor mediano, más frecuentemente aparece afectado debido a los chutes al balón. En la marcha, el patinaje, el balonmano, el hockey, también se lesiona.

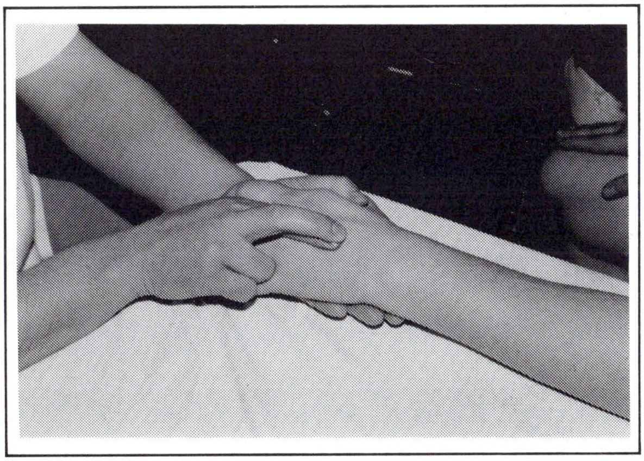

FOTO 37
ESGUINCE DE
MUÑECA
EN FLEXIÓN

una fractura de metacarpiano o en ciertos deportistas que utilizan la mano para la práctica deportiva.

Los signos físicos: son dolor vivo a la palpación entre los metacarpianos.

Técnica: (Fotos 38 y 39)

El terapeuta coloca el dedo índice reforzado por el dedo medio sobre el lugar de la lesión en el dorso de la

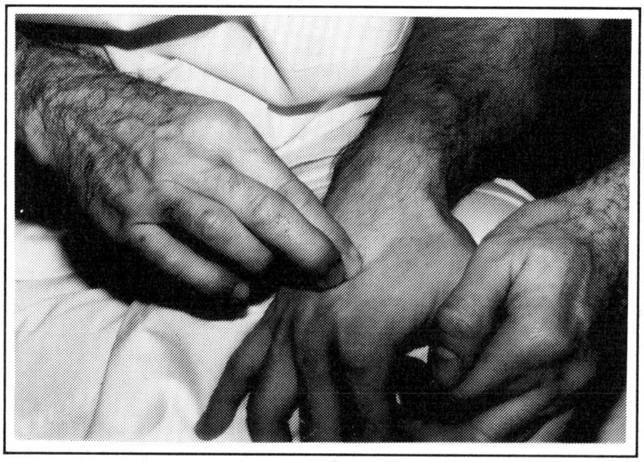

FOTO 38
MUSCULO
INTEROSEO
DE LA MANO

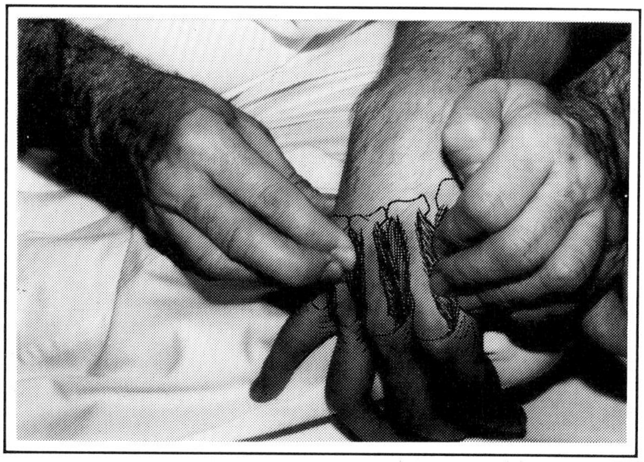

FOTO 39
MUSCULO
INTEROSEO
DE LA MANO

El dolor se localiza en el muslo irradiado a la ingle. Aparece en periodos de máxima intensidad de ejercicio, disminuyendo y desapareciendo con el reposo.

A la palpación presenta un dolor en zona de la inserción, justo en el hueso.

El diagnóstico se realiza al realizar una adducción contrarresistencia y a veces el examen radiográfico muestra calcificación alrededor del origen del músculo en el hueso pubiano.

La lesión se produce principalmente en la unión tenoperióstica e infrecuentemente en la unión músculotendinosa.

En ocasiones se asocia a la inflamación de la inserción de adductores en el hueso pubiano (osteopatía dinámica de pubis)

Tratamiento:

Posición del paciente: Se coloca sentado o semiacostado en la camilla, con la pierna en abducción y rotación externa con ligera flexión de rodilla.

Si la lesión es en la unión tenoperióstica se coloca el dedo índice, reforzado con el 3º dedo, sobre la lesión y realizamos un flexoextensión de muñeca.

También en ocasiones utilizamos las dos manos colocando el dedo pulgar e índice en ambos lados del tendón, justo en el lugar de la inflamación, y con el dedo pulgar de la otra mano, realizamos un movimiento de adducción-abducción del mismo, o preferiblemente de prono-supinación de la muñeca.

Si la lesión es en la unión músculotendinosa, se puede realizar una fricción distinta cogiendo el lugar de la lesión con los dedos pulgar e índice (la parte medial) y realizar un movimiento hacia arriba y abajo (dentro) friccionando el tendón.

También se suele referir la posibilidad de utilizar los nudillos, colocando la mano con el puño cerrado sobre la inserción de los adductores. Es una maniobra dolorosa o desagradable pero sumamente eficaz.

Tratamiento complementario:

Aparte de las medidas de reposo y ejercicio controlado sin dolor; como andar en bicicleta o nadar para mantener la forma física, podemos realizar:

• Masaje clásico a base de amasamientos suaves para relajar todo el grupo muscular.

• Técnica neuromuscular, estiramientos, etc.

LESION DE ADDUCTORES

La rotura del adductor mediano puede producirse en la inserción del músculo con el fémur o con el pubis.

Los síntomas comienzan por un dolor súbito como una puñalada y cuando se intenta realizar otra vez el ejercicio reaparece el dolor.

Puede aparecer un ligero edema, que se aprecia con más intensidad al cabo de unos dos días.

Si la rotura se produce en el cuerpo del músculo se puede apreciar un defecto en el mismo acompañado de un dolor vivo a la palpación en dicho punto.

Tratamiento:

Paciente colocado semirreclinado en la camilla, en la misma posición que anteriormente, pero con una variante que es intentar no mantener la pierna en abducción para no estirar el músculo. Para ello, o bien el paciente se sienta de costado hacia el terapeuta, o se coloca una almohada debajo de la rodilla.

Técnica: (Foto 40 y 41)

Consiste en coger con los dedos pulgar e índice o más dedos, e incluso si la lesión es grande con ambas manos, y realizar un movimiento hacia la zona medial produciendo una fricción en el punto de la lesión. Si la rotura es total o muy importante, requerirá cirugía, pudiendo actuar con el masaje de Cyriax en la Rehabilitación.

INFLAMACION DEL TROCANTER MAYOR

En realidad es la entesitis de inserción del músculo glúteo medio en el trocánter mayor del fémur, a nivel de la cara supero-externa de este hueso. Ocurre en ciertos deportes, preferentemente en: «Campo a través», «saltos», «fútbol».

Signos físicos: El dolor aparece localizado a nivel de la inserción del

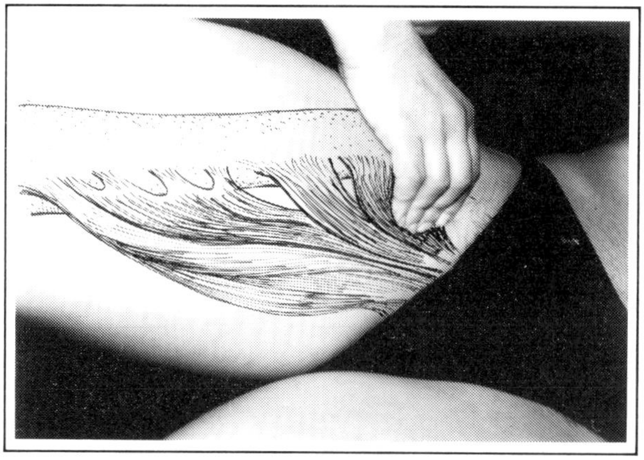

FOTO 40
LESION DE ADDUCTORES

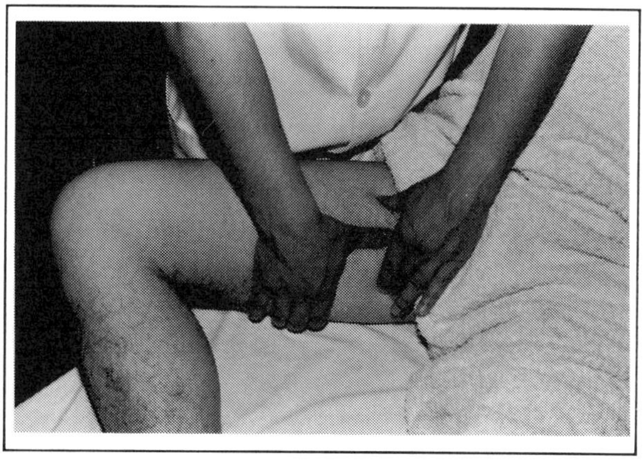

FOTO 41
LESION DE ADDUCTORES

glúteo medio en la parte superior del trocánter mayor del fémur. Aumenta al oponer resistencia en la abducción de la pierna. existiendo un punto típico muy doloroso a la presión sobre el trocánter mayor.

Técnica: Se coloca el paciente sobre el lado sano, lateralmente, colocando la rodilla y la cadera en ligera flexión y el terapeuta de pie en el lado posterior del paciente, relajando ligeramente el músculo glúteo mediano. (Fotos 42 y 43)

La F.T.P. se realiza durante 10-15 minutos con los dedos índice o medio, o bien en pacientes muy musculosos o con panículo adiposo con los nudillos de la mano.

Si la sintomatología no cede con la fricción, al cabo de 8-10 sesiones, puede ser necesario recurrir a las infiltraciones asociadas.

MUSCULO PSOAS-ILIACO - INFLAMACION

El músculo Psoas-ilíaco es un flexor de la cadera con origen en las apófisis transversas de las vértebras lumbares y cara interna del ilion. Su inserción es en el trocánter menor del fémur.

Su inflamación es frecuente en levantadores de peso, en remo, fútbol, carrera de obstáculos, etc..

Justo debajo de la inserción del tendón tenemos la bursa, que también

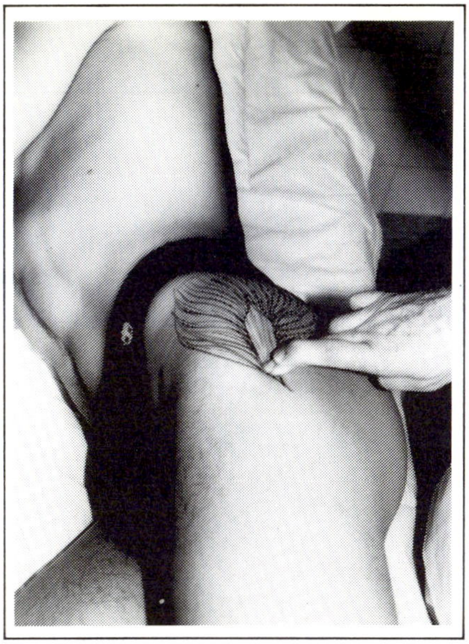

FOTO 42
INSERCION GLUTEO MEDIO EN EL TROCANTER MAYOR (CON EL DEDO MEDIO)

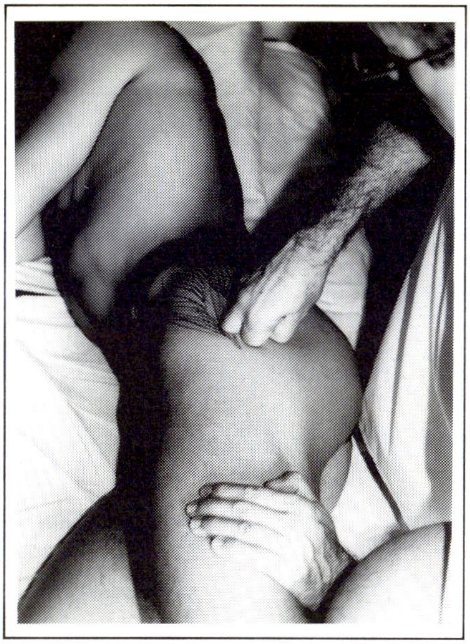

FOTO 43
INSERCION GLUTEO MEDIO EN EL TROCANTER MAYOR (CON LOS NUDILLOS)

puede estar inflamada de forma aislada o acompañando a la inflamación del tendón.
El diagnóstico diferencial será de capital importancia de cara a la aplicación de la F.T.P.

El diagnostico se realiza en la flexión contrarresistencia de la cadera, y la palpación del tendón, que resultan dolorosas. Si la bursa se inflama, aparece el dolor de forma insidiosa y sin causa aparente, pudiendo persistir durante largos periodos de tiempo. La flexión total de la cadera comprime la bursa y provoca dolor. No está indicado el Masaje de Cyriax.

LESION DEL MUSCULO PSOAS

Es una lesión muy rara. Se suele localizar en la unión musculotendinosa o en el tendón en su unión con el trocánter. El dolor aparece súbitamente al intentar una flexión brusca de cadera. Suele existir tumefacción y sensibilización de la zona lesional.

- La F.T.P. está indicada en las roturas parciales y pequeñas roturas de fibras.

Posición del paciente: Semirreclinado en la camilla. Manteniendo una flexión de cadera. Podemos acentuarla más colocando una almohada en el hueco poplíteo de la rodilla.

Técnica: Con los dedos 1° y 2° de una o ambas manos cogemos la zona lesional y realizamos un movimiento supero-inferior. (Foto 44)

Hay que tener precaución de no juntar la bursa.

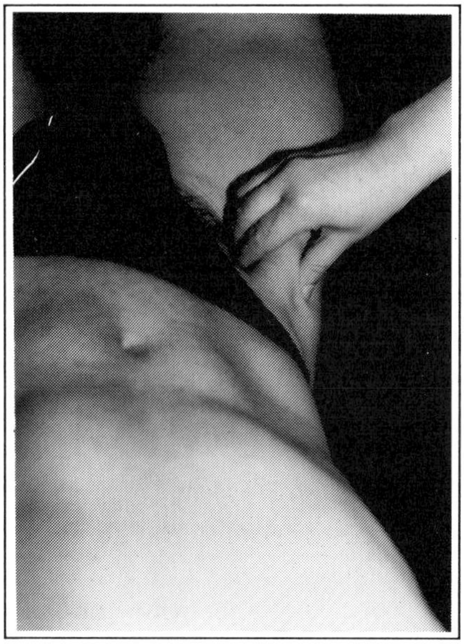

FOTO 44
ROTURA DEL MUSCULO PSOAS

INFLAMACION PROXIMAL DEL MUSCULO RECTO ANTERIOR

El músculo RECTO ANTERIOR es un extensor de la rodilla y también ligeramente flexor de la cadera. Se origina por cresta ilíaca antero-superior, justo encima de la cadera.

Signos físicos: Dolor en zona de la ingle principalmente a la extensión de la rodilla contrarresistencia en posición prona.

Se produce esta lesión principalmente en el fútbol, por chutar el balón, en salidas de velocidad repetidas, entrenamiento de fuerza, etc..

Técnica: El paciente se mantiene sentado o tumbado en la camilla, no hay que poner el tendón demasiado tenso, para permitir la introducción del dedo del terapeuta en profundidad. Se puede colocar una almohada bajo el hueco poplíteo de la rodilla.

El terapeuta se sienta en el lado del músculo a tratar, descubre el tendón y el lugar exacto a tratar, y coloca los dedos índice y medio sobre la lesión y el pulgar en el trocánter del fémur para realizar una contrapresión. La fricción se realiza impartiendo un movimiento de flexoextensión de la muñeca, junto con un ligero movimiento de adducción-abducción del hombro. (Foto 45)

El tiempo de fricción será de unos 15 minutos cada dos o tres días aproximadamente.

ROTURA DEL MUSCULO RECTO ANTERIOR

La rotura del músculo recto anterior suele ser frecuente y total en deportes como el fútbol.

Requerirá en esos casos cirugía. La F.T.P. se suele aplicar en el periodo de rehabilitación.

Si la rotura es parcial o simplemente un tirón podemos utilizar la Fricción de Cyriax.

Signos físicos: dolor súbito e intenso al realizar una extensión brusca de la rodilla. Aparecerá tumefacción y a veces es palpable fácilmente una hendidura en el lugar de la rotura.

Técnica: El paciente se coloca sentado en la camilla con la rodilla extendida para mantener en máxima relajación el músculo.

El masajista sujeta con el dedo pulgar un lado del músculo y con el

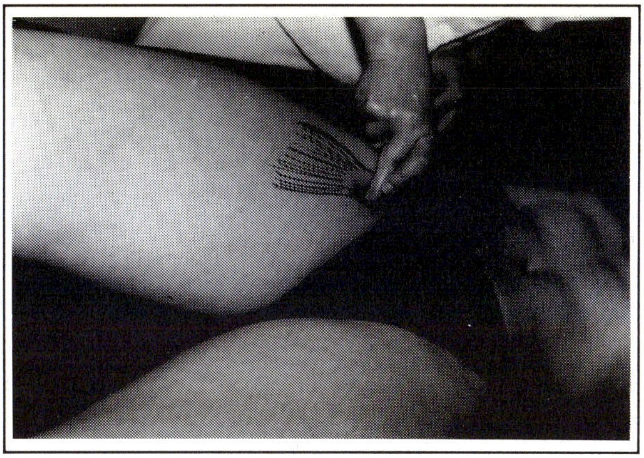

FOTO 45
INFLAMACION PROXIMAL DEL MUSCULO RECTO ANTERIOR

índice y el medio el lado contralateral e imprime un movimiento supero-inferior si la rotura del músculo afecta a los lados del mismo.

Si la rotura está en la parte superior podemos colocarnos sentados al lado de la pierna a tratar colocando el dedo índice reforzado con el medio sobre la lesión y el dedo pulgar en la fascia lata para hacer contrarresistencia y realizar la fricción mediante un movimiento de flexo-extensión de la muñeca.

El tratamiento tendrá una duración entre 5 y 10 minutos en días alternos. (Foto 46)

LESION DE LOS MUSCULOS POSTERIORES POPLITEOS

Cuerpo muscular

Son los músculos bíceps femoral (externo), semimembranoso, semitendinoso (interno), cuya acción provoca la flexión de la articulación de la rodilla. La lesión de estos músculos es frecuente en velocistas, corredores de media distancia, en deportes de contacto, artes marciales, fútbol, saltadores de altura, de longitud, tenistas, etc...

Signos físicos: Dolor en forma de punzada o latigazo en parte posterior de la pierna. Se acompaña de espasmo muscular, tumefacción, hematoma. Al realizar una flexión de la rodilla contrarresistencia en posición prona, reaparece o se aviva el dolor.

Técnica: Paciente en decúbito prono con la rodilla en flexión de 70 a 90º, para relajar el músculo.
El terapeuta se coloca de pie (bipedestación) en la pierna a tratar. (Fotos 47 y 48)
Con el dedo pulgar en un lado del músculo y los demás dedos en la parte contralateral del músculo, coge el mismo y realiza un movimiento supero-inferior por flexión del codo o elevación de los hombros. Al mismo tiempo, realizaremos una flexión-extensión de los dedos de las manos para coger y soltar el músculo y así realizar correctamente la fricción.

AFECTACION DE LOS MUSCULOS POPLITEOS - INSERCION ISQUIATICA

La tendinitis de inserción a nivel isquiático de los músculos isquiotibiales se produce habitualmente por un estiramiento excesivo de los

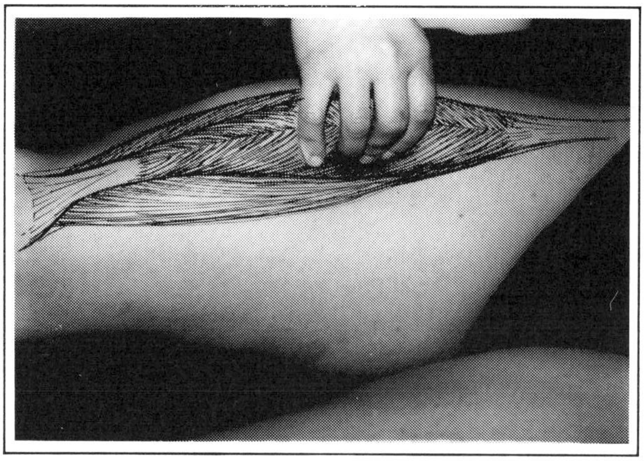

FOTO 46
ROTURA DEL
MUSCULO RECTO
ANTERIOR

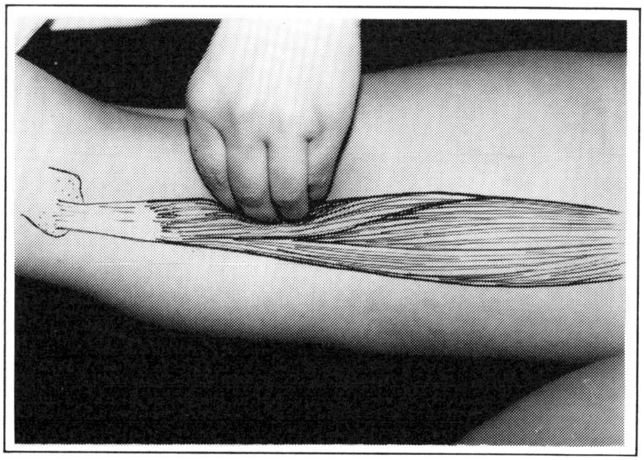

FOTO 47
MUSCULO POSTE-
RIOR PLITEO
(SEMITENDINOSO)

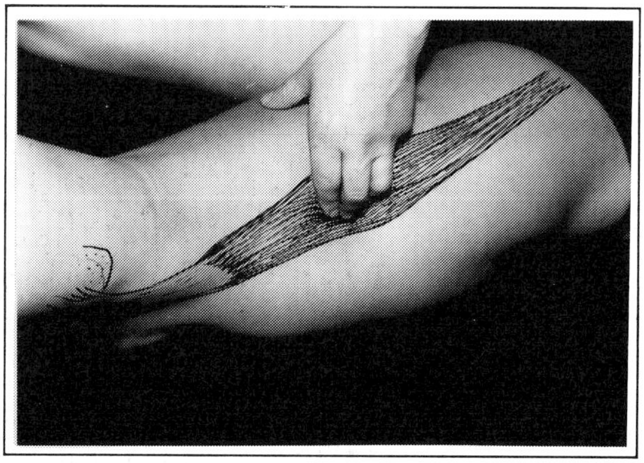

FOTO 47
MUSCULO POSTE-
RIOR PLITEO
(BICEPS FEMURAL)

mismos. Este estiramiento se realiza produciendo una flexión de cadera con la rodilla en extensión total. Es frecuente por lo tanto en deportes como el kárate, ciertos atletas, bailarines, «chutadores».

Signos físicos: Pinchazo en la parte posterior del muslo, que duele al andar. El diagnóstico se realiza a la palpación y la flexión contrarresistencia de la rodilla que es dolorosa.

Técnica: (Foto 49 y 50)

Posición del paciente: En decúbito supino con la pierna afectada en flexión de cadera y rodilla de 90º. Se puede colocar una silla o un taburete donde apoyar la pierna. De esta manera favorecemos el acceso de los dedos a la lesión.

El masajista se coloca frente a la cadera del paciente y coloca los dedos índice y medio sobre el músculo o tendón en la zona afectada y realizará un movimiento de anteversión y retroversión del hombro, junto a una abducción y adducción del mismo.

La duración del tratamiento es de unos 10-15 minutos en días alternos.

RODILLA

ARTICULACION RODILLA

La articulación de la rodilla está formada por la unión de los huesos Fémur-Tibia y Rótula. El peroné aunque mantiene una unión ligamentosa con la rodilla, no interviene en la misma.

La articulación de la rodilla se estabiliza por la acción de dos ligamentos colaterales, interno y externo; el interno une el fémur a la tibia y mantiene una continuidad con el menisco interno. El externo une el fémur con el peroné y va separado del menisco externo.

La estabilidad antero-posterior está asegurada por los ligamentos cruzados anterior y posterior. Los meniscos no debemos olvidarnos que también contribuyen a estabilizar la rodilla

FOTO 49
INSERCION ISQUIATICO DE LOS ISQUIOTIBIALES

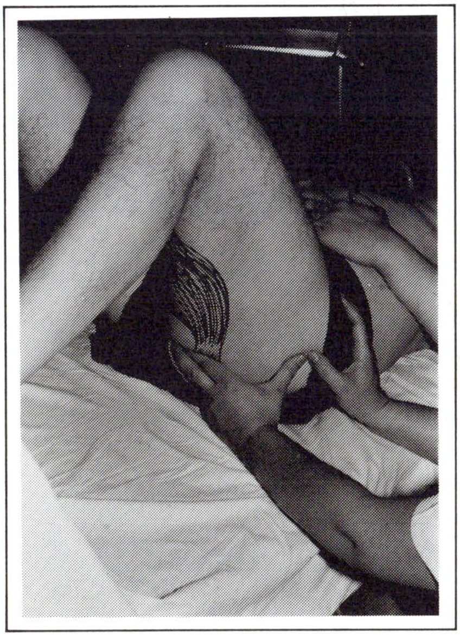

FOTO 50
INSERCION ISQUIATICO DE LOS ISQUIOTIBIALES

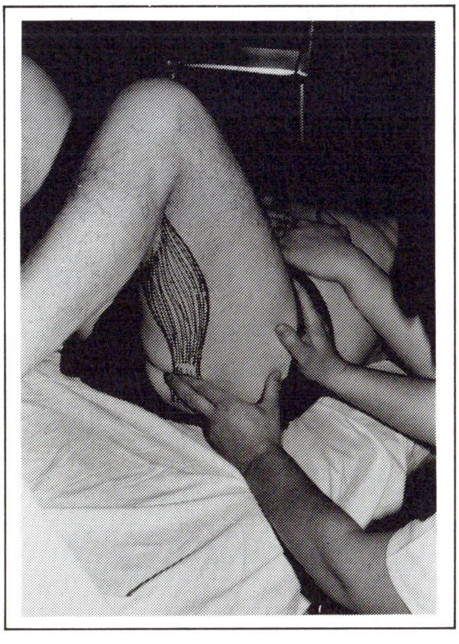

aparte de amortiguar la presión del fémur sobre la tibia.

La musculatura también contribuye de forma activa mediante la acción de contracción, el cuádriceps principalmente, pero también los músculos posteriores o flexores de la rodilla.

LESIONES LIGAMENTOSAS DE LA RODILLA

Se producen principalmente tras contacto o choque, pero también pueden ser el producto de una torsión o torcedura de la rodilla que excedan la amplitud normal del movimiento. Son potencialmente graves.(Foto 51)

Se producen en deportes como el fútbol, esquí, balonmano, baloncesto, rugby.

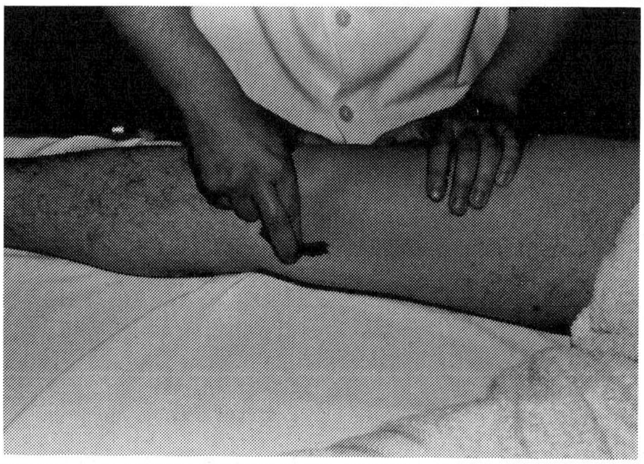

**FOTO 51
LESION LIGAMENTO LATERAL INTERNO DE RODILLA
(Rodilla en extensión)**

LESION EN LIGAMENTO LATERAL INTERNO O MEDIAL

Puede ser producto de un impacto en la parte externa de la rodilla que produce un valgo forzado de la misma o por una torsión al quedar el pie fijo (por los tacos de una bota o zapatilla) e intentar girar el cuerpo. Por lo general la lesión se produce en la parte interna del ligamento, pegada a la cápsula articular y que se encuentra unida al menisco interno, por lo que la lesión puede ser combinada si el impacto o torsión ha sido muy intenso. Incluso se pueden afectar los ligamentos cruzados.

Los síntomas suelen ser dolor e imposibilidad de caminar. La rodilla suele estar tumefacta y rígida. Hay inestabilidad subjetiva de la rodilla.

El diagnóstico se realiza, tras la inspección y palpación cuidadosa, mediante movilización primero en flexo-extensión y posteriormente colateral. En este caso mediante la realización de un valgo forzado. Será necesaria una exploración meticulosa en el deportista por si existe un síndrome meniscal asociado o no. Se puede realizar un test meniscal como el Grindding Test. La radiología también nos va a mostrar la existencia de una posible calcificación del ligamento (Enfermedad de Pellegrini-Stieda) en cuyo caso está contraindicada la F.T.P.

Técnica de masaje: Con la fricción intentamos mantener la movilidad normal del ligamento hacia adelante y hacia atrás. En la flexión y extensión de rodillas, que no podrá realizar por la inmovilización a la que es sometido el paciente.

Recordemos que si existe osificación del ligamento, está contraindicada la aplicación de la Fricción. Diagnostico por Rx. (Fotos 52 y 53)

de la rodilla y el dedo pulgar en la parte externa para hacer contrarresistencia. Posteriormente realizará un movimiento de flexo-extensión de la muñeca.

El movimiento trata de intentar deslizar el ligamento sobre el hueso en la parte distal o proximal lesionada.

FOTO 52
LIGAMENTO LATERAL INTERNO
(Masaje en flexión)

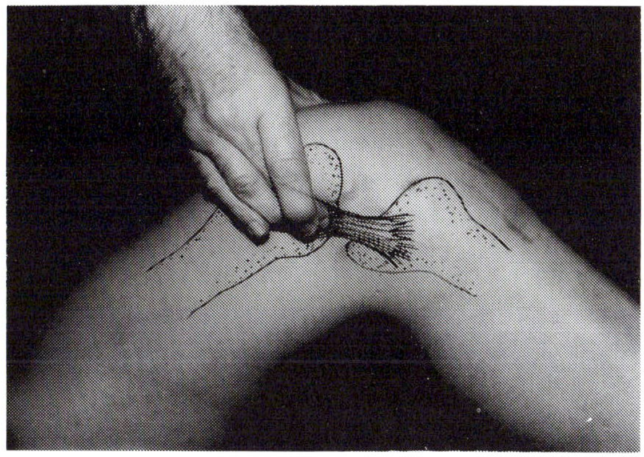

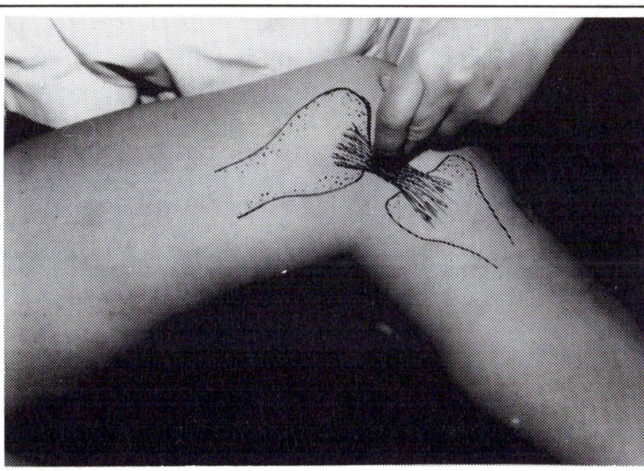

FOTO 53
LIGAMENTO LATERAL INTERNO
(Masaje en flexión)

Posición del paciente:

• Masaje en extensión.- Paciente acostado en la camilla con la rodilla en extensión. De esta forma el ligamento se sitúa en el extremo anterior del movimiento.

El terapeuta se sienta al lado de la rodilla y coloca el dedo índice reforzado con el medio en el lado interno

Si se realiza adecuadamente se conseguirá un grado mayor de movilidad en flexión de la rodilla.

Puede existir sensibilidad dolorosa al realizar la fricción por lo que se realizará sin excesiva presión al inicio de la sesión.

• Masaje en flexión.- El paciente se encuentra ahora tumbado en decúbito supino en la camilla, pero con la rodilla en flexión, llevando de esta forma el ligamento a su posición posterior del movimiento.

El terapeuta se coloca de pie en el lado de la rodilla a tratar. Coloca el dedo índice sobre el ligamento en la parte lesionada e imparte un movimiento de flexo-extensión de la muñeca utilizando el dedo pulgar colocado en la parte externa de la rodilla como punto de apoyo.

Cyriax también indica una modalidad de este tratamiento en caso de fatiga del masajista, consistente en sentarse al otro lado de la camilla y utilizar el dedo pulgar sobre el ligamento para realizar la fricción.

La duración del tratamiento es inicialmente de unos 5-10 minutos. Según pasan los días iremos, aparte de realizar la fricción, provocando una flexión de la rodilla, aumentando de esta forma el grado de movilidad y aceleraremos la recuperación.

LIGAMENTO LATERAL EXTERNO (Foto 54)

La lesión es menos frecuente y suele ser más benigna en el deportista.

Técnica: de la F.T.P. es exactamente igual a la del ligamento lateral interno o medial pudiendo realizarse con la rodilla en ligera flexión de 15 ó 20 grados o bien en flexión de 90 grados para llevar el ligamento a su posición posterior del movimiento.

TENDON ROTULIANO

Esta lesión se produce por abuso y sobrecarga del músculo cuadriceps, que como conocemos es un extensor de la rodilla.

Los signos físicos: son dolor en la parte superior o inferior de la rótula, a nivel de la inserción superior (tendón de cuadriceps) o inferior del tendón en el polo rotuliano. Aumenta durante y después del ejercicio. El movimiento pasivo es indoloro, la extensión contrarresistencia de la rótula provoca dolor a nivel de la lesión. El dolor puede ser provocado «a punta de dedo» en la zona inserscional.

TECNICA PARA LA PORCION SUPRARROTULIANA (Fotos 55 y 56)

Posición del paciente: Decúbito supino con la rodilla extendida. El

**FOTO 54
LIGAMENTO
LATERAL EXTERNO
DE RODILLA**

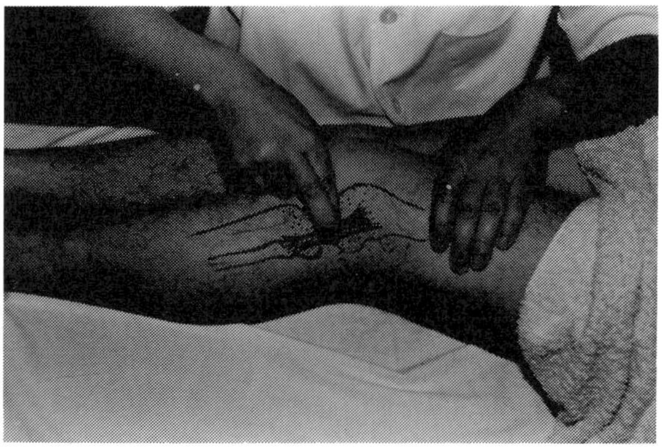

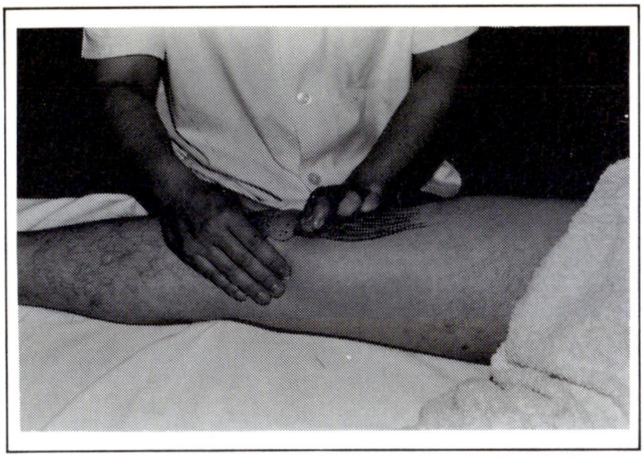

FOTO 55
TENDON DEL CUADRICEPS
(o suprarrotuliano)

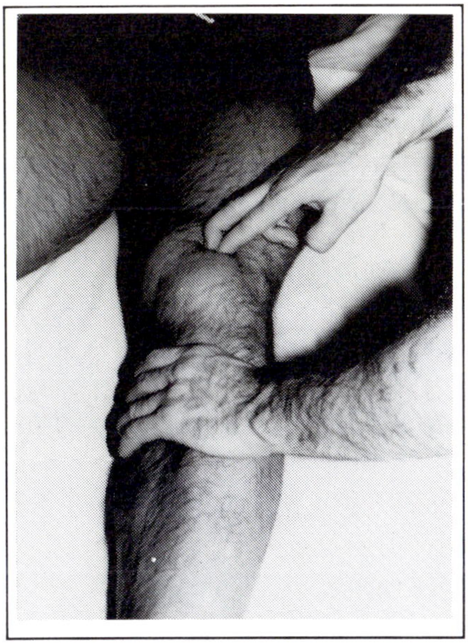

FOTO 56
TENDON DEL CUADRICEPS
(o suprarrotuliano)

masajista se coloca sentado frente a la rodilla. Con una mano presiona hacia abajo la parte inferior de la rótula estabilizando la rodilla y al mismo tiempo haciendo más accesible la lesión. Después aplicará el dedo medio reforzado por el índice con la otra mano en la zona de la lesión, utilizando el dedo pulgar como contrarresistencia. Posteriormente se realiza una flexo-extensión de la muñeca.

También se puede realizar sin el pulgar, desplazando hacia adelante y hacia atrás el antebrazo.

TECNICA PARA LA PORCION INFRARROTULIANA

(Fotos 57 y 58)

Es más frecuente que la afectación del suprarrotualiano (o tendón cuadricipital). Su lesión se produce principalmente en deportes de salto y lanzamiento, voleibol, baloncesto y halterofilia. Se le denomina «Rodilla del Saltador». Si la lesión se cronifica se producen micro-roturas que pueden llegar a producir la degeneración del tendón.

Los síntomas clínicos son: dolor local al presionar sobre el tendón, empastamiento y rigidez después del ejercicio. Hay dolor a la contracción contrarresistencia del cuádriceps al intentar la extensión de la rodilla.

Técnica:

Posición del paciente: En decúbito supino con la rodilla extendida y el cuádriceps relajado.

La técnica es similar a la anterior. El masajista con una mano presiona en esta ocasión el borde superior de la rótula, para levantar así el borde inferior. Después con el dedo anular reforzado con el medio de la otra

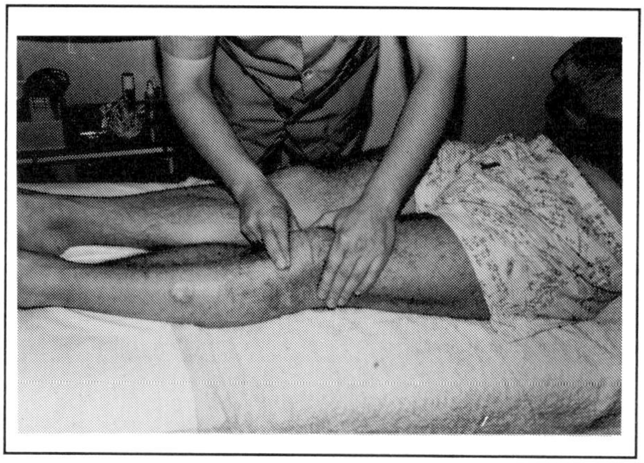

FOTO 57

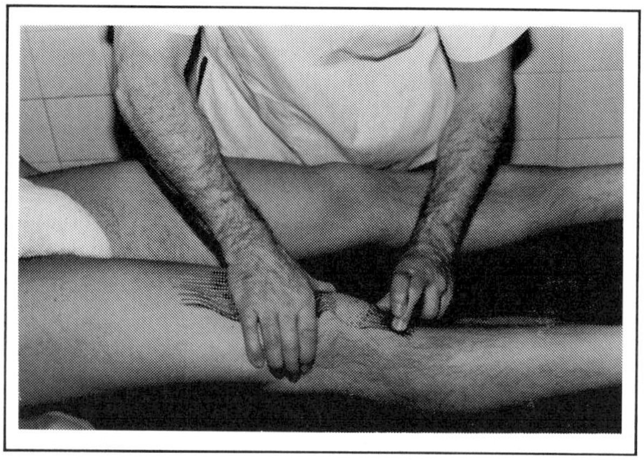

FOTO 58

mano, presiona hacia arriba contra el borde del hueso. Esta presión la mantiene con la adducción forzada del hombro del terapeuta. Posteriormente realiza la fricción llevando hacia adelante y atrás la mano mediante la realización de una flexo-extensión del hombro y codo.

La duración de unos 15 minutos en días alternos.

AFECTACION DEL TENDON DEL BICEPS CRURAL

Esta tendinitis no es excesivamente frecuente. El lugar de afectación suele ser la inserción en la cabeza del peroné. A veces se produce conjuntamente con el desgarro del ligamento colateral externo. Se produce en deportes de contacto, en luchadores, atletas, etc..

Los signos físicos son: dolor y tumefacción sobre la inserción del bíceps en la cara posterior de la cabeza del peroné.

El dolor aparece durante la flexión de la rodilla contrarresistencia.

Hay que tener mucha precaución con la F.T.P. porque por debajo de la cabeza del peroné discurre el nervio ciático poplíteo externo. La F.T.P. debe ser muy precisa a nivel superior de la cabeza del peroné, zona en la que se inserta el tendón del bíceps femoral por dentro del ligamento lateral externo de la rodilla.

Técnica: (Foto 59 y 60)

Posición del paciente: En decúbito prono, con la rodilla extendida. El terapeuta se coloca en el lado de la lesión en el pie del paciente. Coloca el pulgar de la mano contralateral sobre el tendón, en el punto exacto y realiza la contrarresistencia con el resto de los dedos. Con la otra mano sujeta la pierna para que no se mueva. Posteriormente el masajista realiza un movimiento de pronosupinación con la mano realizando una fricción sobre el tendón.

Duración del tratamiento de 15-20 minutos en días alternos.

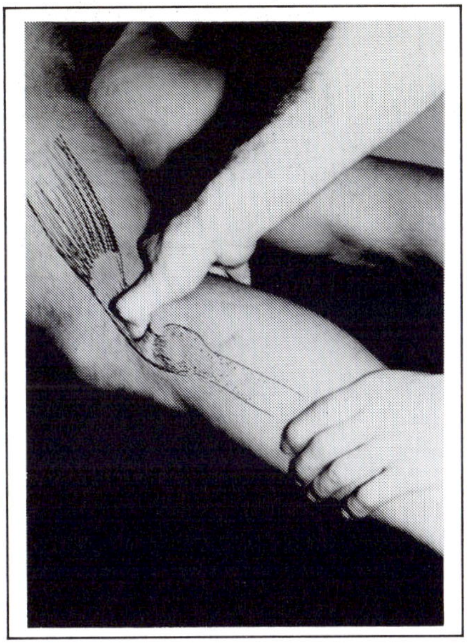

FOTO 59
BICEPS CRURAL

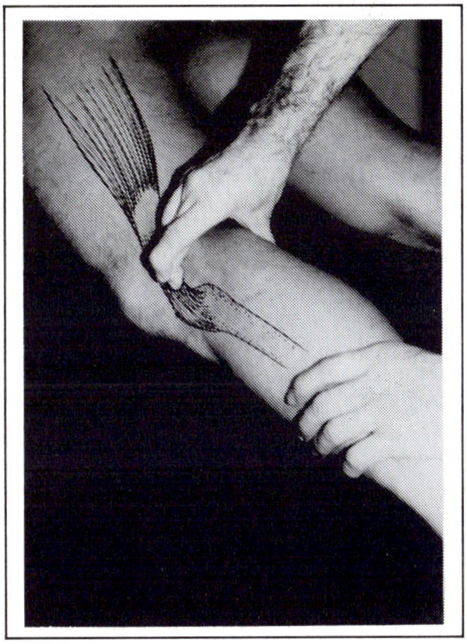

FOTO 60
BICEPS CRURAL

MUSCULO GEMELO O GASTROCNEMIO

La rotura de los músculos de la pantorrilla se producen en el punto donde se une el tendón de Aquiles con el vientre del músculo gemelo. La lesión es muy frecuente en jugadores de tenis, pelota vasca, squash, baloncesto. voleibol, balonmano y en todos los deportes de salto.
Se le conoce también con el nombre de «pierna del tenista» y en nuestros círculos como signos de la «Pedrada».

Signos físicos: dolor brusco en la parte posterior de la pantorrilla que al atleta le parece que le hubieran golpeado por detrás. Hay dificultad para contraer el gemelo y andar de puntillas. El paciente ve dificultado el apoyo del talón por el espasmo muscular resultante. Suele haber derrame de sangre en la rotura, que se puede manifestar al cabo de dos días en forma de equimosis. También puede apreciarse, si la rotura es importante, una falta de tejido en el lugar de la misma. (Foto 61 y 62)

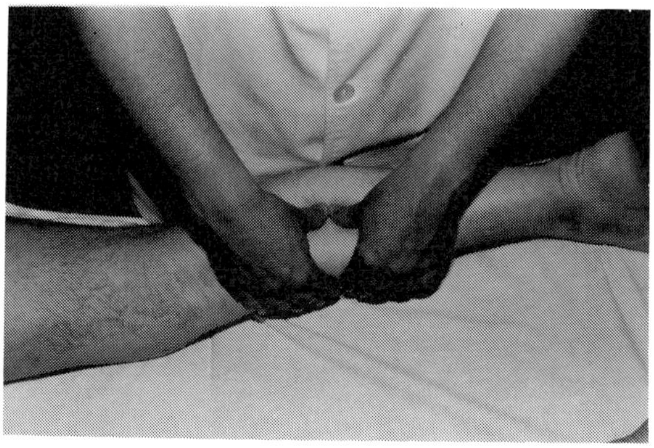

FOTO 61
GEMELO

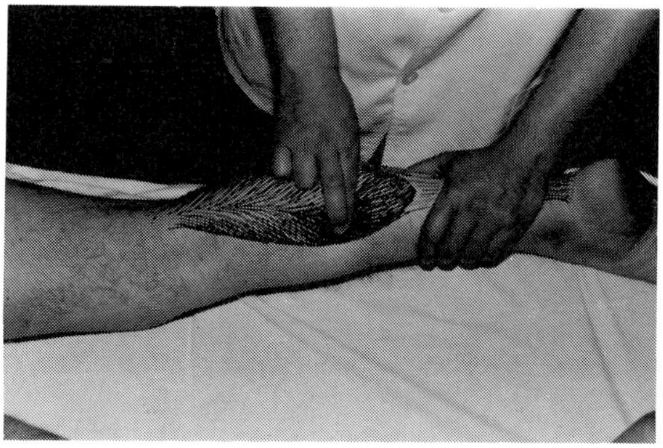

FOTO 62
GEMELO INTERNO

Técnica:

Posición del paciente: en decúbito prono con el pie en flexión plantar, para relajar al máximo el músculo gemelo.

El terapeuta se sitúa en el lado de la lesión, frente a la misma. Colocará los dedos índice, medio, y si fuera necesario el anular, hasta abarcar completamente la lesión. Con la otra mano sujetamos la pierna para evitar el movimiento de la misma e imprimiremos un movimiento hacia adelante y atrás de nuestra mano realizando la fricción.

La duración de la F.T.P. será de 5 minutos en periodo agudo, incrementándose sucesivamente hasta 20 minutos diarios hasta su resolución.

Tratamiento complementario:

• Técnica Neuromuscular.- para el espasmo desde el origen del músculo hasta la rotura, sin llegar a sobrepasarla.

• Vendaje funcional.- adecuado, que permita la descarga del músculo y evite recidiva de la lesión.

• Contracción activa del músculo.- sin peso ni resistencia. Se puede utilizar Electroterapia, Corrientes de gimnasia pasiva o preferiblemente T.E.N.S.

TOBILLO

TENDON DE AQUILES - INFLAMACION

Como resultado de una carga progresiva, repetida y prolongada se puede producir la inflamación del Tendón de Aquiles y de sus tejidos circundantes.

La inflamación comienza siendo aguda y es frecuente su modificación gradual, dando lugar a la incapacidad del atleta, sobre todo a los corredores de larga distancia.

La inflamación aguda del tendón de Aquiles se produce más frecuentemente en atletas que aumentan la carga de trabajo demasiado intensamente o en sujetos entrenados que cambian de técnica, superficie de trabajo, materiales, etc..

Signos físicos: Dolor al utilizar el tendón de Aquiles, la flexión plantar contrarresistencia o ponerse sobre las puntas de los pies. Dolor y tumefacción difusa sobre el tendón de Aquiles. Si la inflamación es severa incluso aparece enrojecimiento de la piel por encima del tendón y crepitación al movilizarlo.

Hay que realizar un diagnóstico adecuado de tendinitis ya que las alteraciones estructurales y roturas parciales no remiten con la F.T.P.

Hay que determinar bien el lugar exacto de la inflamación. Los lugares más frecuentes son:

1.- La unión con el calcáneo

2.- En los bordes laterales

3.- En el borde anterior

La fricción deberá de realizarse en su lugar preciso para que tenga un efecto adecuado.

Técnica: (Fotos 63, 64, 65, 66, 67, 68)

Posición del paciente: Decúbito prono sobre la camilla.

1.- Masaje en la inserción con el calcáneo.-

El tendón se coloca relajado, de esta forma se accede a las fibras de la entesis. La fricción se realiza con ambas manos contraponiéndolas. Los dedos pulgares se colocan en el borde anterior del talón en la planta del pie y los dedos índices, reforzados por el medio de ambas manos, se colocan sobre el lugar de la lesión. Posteriormente y presionando fuerte realizamos un movimiento hacia adelante y atrás con ambas manos alternativamente, mediante la acción de flexoextensión de la muñeca.

2.- Masaje en los bordes laterales del tendón.

El pie del paciente lo sacamos de la camilla, de modo que sobresalga. El terapeuta sentado o de pie, según la altura de la camilla, coloca su pierna para producir una extensión plantar, y así estirar el tendón. Posteriormente tomará el tendón entre los dedos pulgar e índice, e impartirá una fricción llevando la mano hacia atrás, hasta quedarse con un pliegue de piel o similar ejerciendo una pinzación con ambas manos. Después se separan los dedos y se realiza un movimiento hacia la parte anterior del tendón, hasta la posición inicial, repitiendo la fricción.

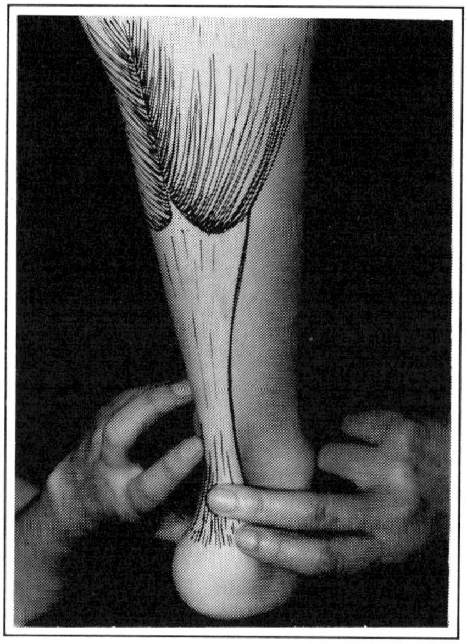

FOTO 63
MASAJE INSERCION
CALCANEO

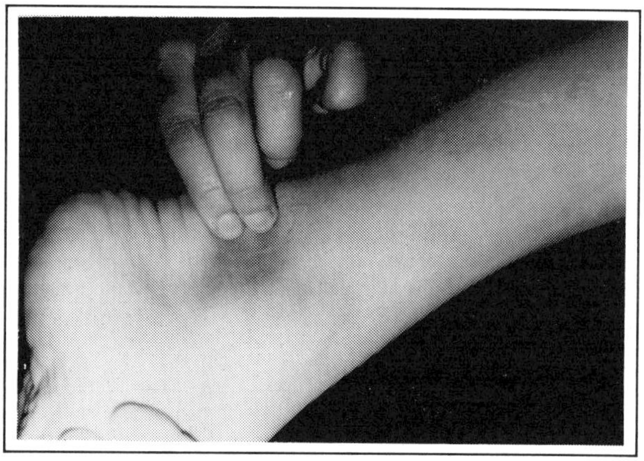

FOTO 64
MASAJE BORDES
LATERALES DEL
TENDON DE
AQUILES

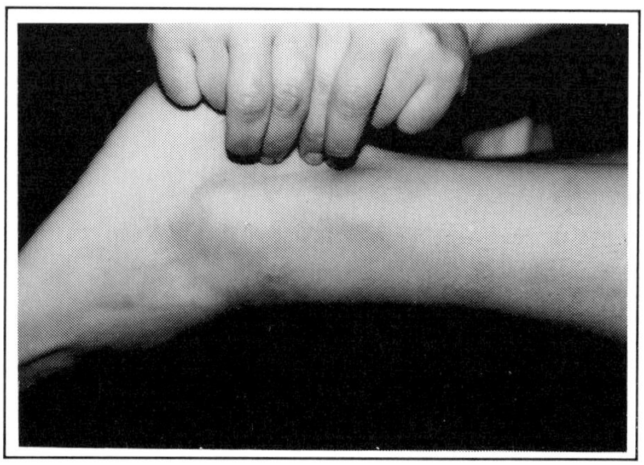

FOTO 65
MASAJE BORDES
LATERALES DEL
TENDON

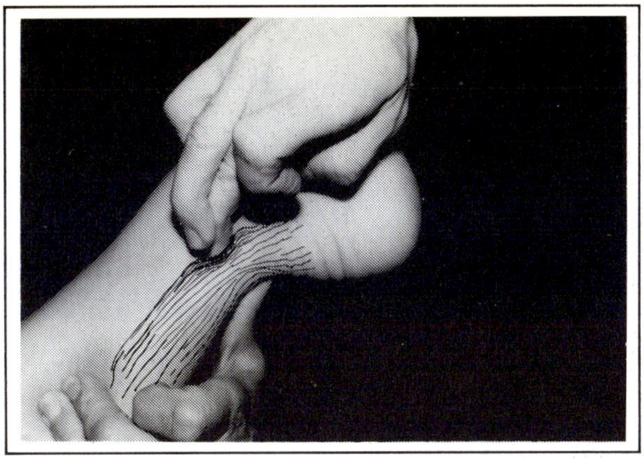

FOTO 66
MASAJE CARA ANTERIOR DEL TENDON DE AQUILES

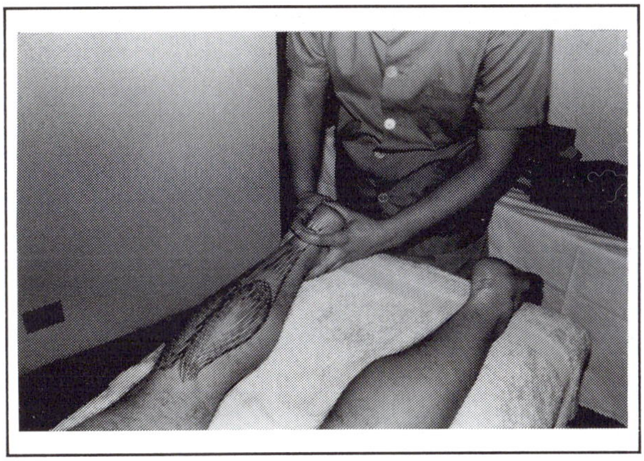

FOTO 67

3.- Masaje en la cara anterior del tendón.-

El paciente coloca el pie más hacia adentro de la camilla, manteniendo una flexión plantar máxima del pie. Con el pulgar de una mano, el masajista empujará el tendón hacia un lado, que dependerá del lugar de máxima inflamación. Así la parte anterior del tendón es accesible al dedo anular de la otra mano aplicado

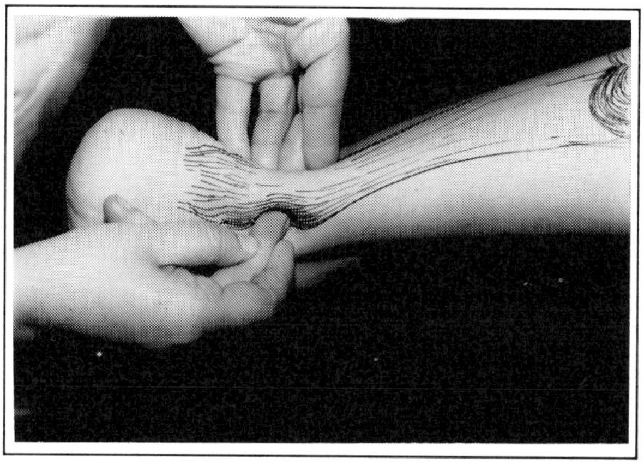

FOTO 68
CARA ANTERIOR
TENDON AQUILES

con fuerza. Para efectuar la fricción tendremos que realizar una pronosupinación de la muñeca, haciendo girar el dedo sobre el tendón.

La duración del tratamiento es de unos 15 minutos, todos los días durante quince o veinte días o hasta su total resolución.

TENDONES PERONEOS LATERALES - INFLAMACION

Aparece generalmente en atletas por sobrecarga tras ejercicios en terrenos desiguales o como secuela post esguinces.

Signos físicos: Dolor en la cara lateral de la pierna por encima del maleolo externo. La movilización pasiva no provoca dolor, sin embargo la rotación lateral o eversión contrarresistencia, sí produce dolor. Si la tenosinovitis es manifiesta se puede apreciar incluso enrojecimiento y tumefacción de la zona.

Ocasionalmente el lugar de la inflamación es justo en el paso del tendón por detrás del maleolo externo, hacia el calcáneo, es decir, en la porción inferior de los tendones.

Técnica: (Fotos 69 y 70)

Posición del paciente: En decúbito supino sobre la camilla, con el pie en rotación interna. Se puede colocar una almohada debajo para que apoye correctamente.

El terapeuta se coloca frente al pie, en el lado contrario a éste. Así con una mano sujeta el pie y lo coloca en inversión y adducido para distender los tendones. Con la otra mano, situamos los dedos índice, medio o anular, según sea necesario para abarcar toda la lesión, comprimiéndolos contra el peroné, y se produce un movimiento hacia adelante y atrás haciendo que los dedos cabalguen sobre los tendones.

La duración del tratamiento será de unos 15-20 minutos en días alternos

El paciente no debe de realizar ejercicios que provoquen dolor, por lo que, en algunos casos, puede ser recomendable un estabilizador de tobillo o tobillera de neopreno.

TIBIAL ANTERIOR - INFLAMACION

Se produce sobre todo en deportes de correr o saltar sobre superficies

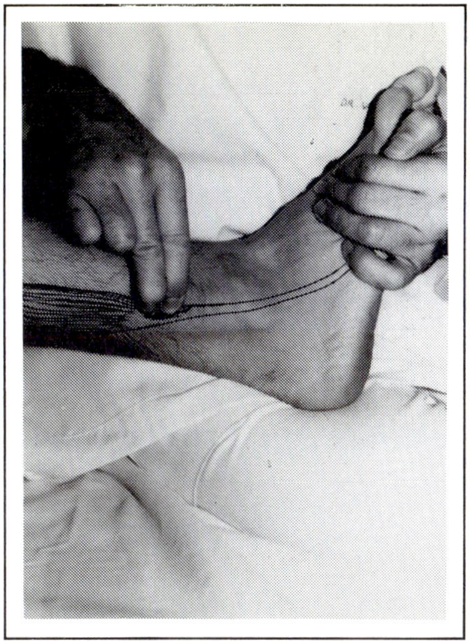

FOTO 69
TENDONES PERONEOS LATERALES (Corto)

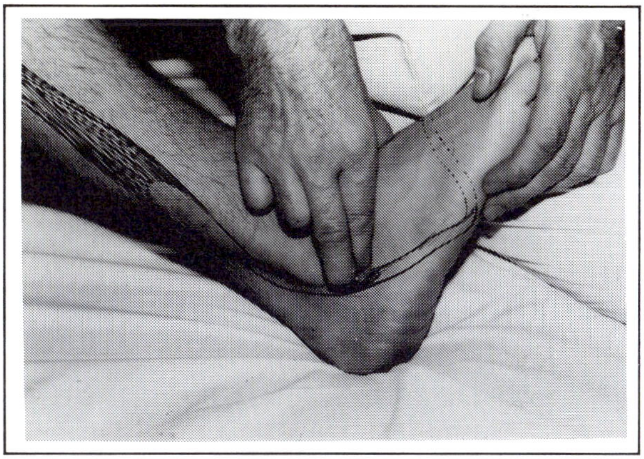

FOTO 70
TENDONES PERONEOS LATERALES (Largo)

duras. Puede aparecer también en ciclistas, futbolistas, tenistas y jugadores de squash.

Signos físicos: Dolor a la dorsoflexión o extensión plantar contrarresistencia. Suele aparecer crepitación a la flexoextensión del tobillo. A la palpación también aparece dolor, y si es muy importante puede aparecer enrojecimiento y tumefacción. Es importante el diagnóstico diferencial con el síndrome compartimental anterior (dolor agudo y gradual con carga, imposibilidad para contraer el músculo con aumento del dolor al intento de flexión dorsal).

Técnica: (Foto 71 y 72)

Posición del paciente: En decúbito supino, con el pie en flexión plantar para poner en tensión el tendón. El terapeuta se coloca frente al pie sentado al lado del mismo y coloca una mano sujetando la posición de flexión plantar y el dedo índice y medio de la otra mano sobre el tendón en el

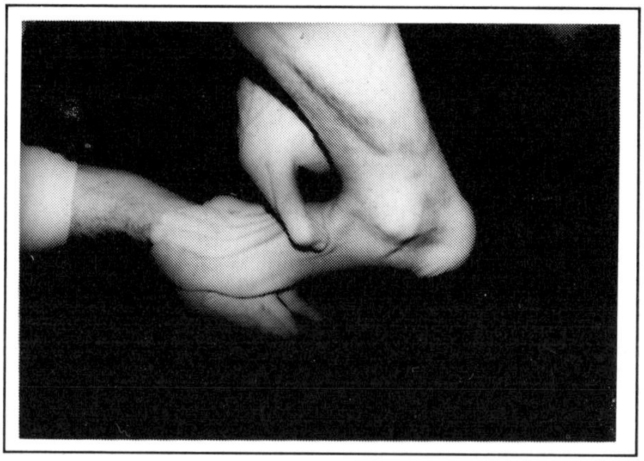

FOTO 71
TIBIAL ANTERIOR

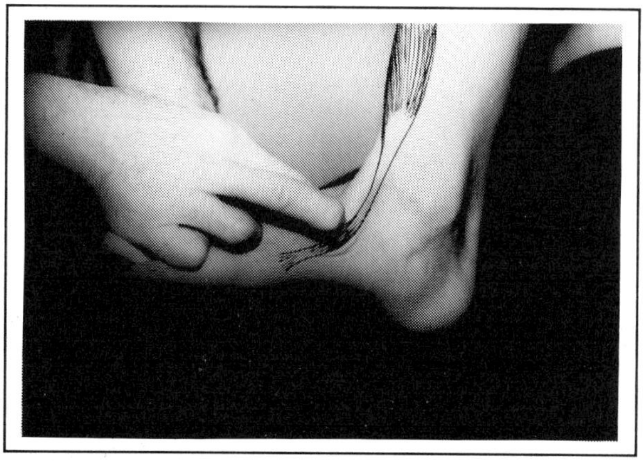

FOTO 72
TIBIAL ANTERIOR

punto de la lesión. La fricción se realiza imprimiendo un movimiento hacia adelante y atrás de la mano sobre el tendón. Se le recomienda al paciente reposo hasta ceder la sintomatología.

TIBIAL POSTERIOR - INFLAMACION

Se produce sobre todo en atletas con pie plano y que realizan exceso de ejercicio, ya que la posición del pie con el talón en valgo y la parte anterior en abducción produce una sobrecarga sobre este tendón.

Signos físicos: Dolor en la parte interna del pie a la altura del maleolo interno, bien por encima del mismo hacia la parte posterior de la tibia o bien justo detrás del maleolo interno hacia la planta. El movimiento de inversión contrarresistencia provoca dolor. El resto de movimientos pasivos y contrarresistencia son indoloros.

Técnica: (Foto 73 y 74)

Posición del paciente: En decúbito supino con la pierna en rotación externa, de tal forma que la parte interna del pie queda hacia arriba.

El terapeuta se coloca frente al pie y sujeta con una mano por la parte anterior del mismo (de los dedos), y mantiene el pie en rotación externa y el tobillo en ángulo recto.

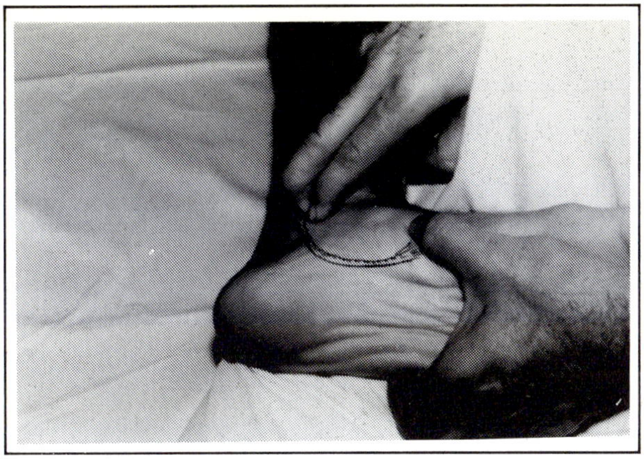

FOTO 73
TIBIAL POSTERIOR.
INFLAMACION

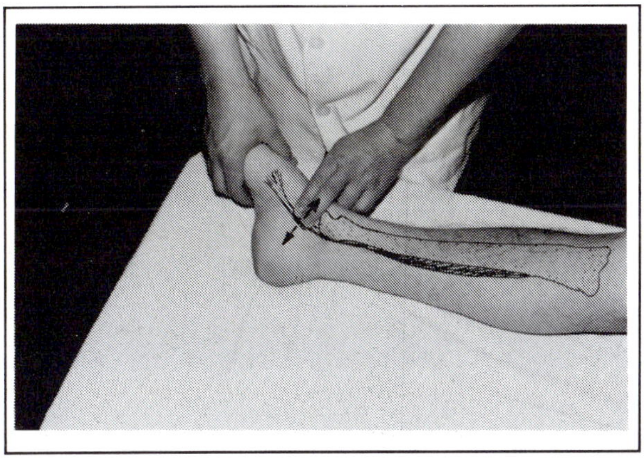

FOTO 74
TIBIAL POSTERIOR

Si la lesión se encuentra por encima del maleolo, el terapeuta sitúa el dedo medio reforzado por el índice, sobre la lesión en el tendón entre el Tendón de Aquiles y la tibia, con el dedo pulgar sobre la planta del pie. La fricción puede realizarse imprimiendo un movimiento de prono-supinación del antebrazo.

Si la lesión es en la porción inferior, el terapeuta se coloca al lado de la camilla y coloca igualmente una mano para sujetar el pie en inversión y abducción, y con los dedos medio, índice y anular de la otra mano, colocados sobre la lesión imparte un movimiento de flexoextensión de la muñeca para realizar la fricción utilizando el pulgar situado en la parte externa del pie como punto de apoyo.

Duración.- entre 15-20 minutos en días alternos.

Tratamiento complementario.- Corrección ortopédica del pie plano en caso necesario.

MUSCULO INTEROSEO DORSAL

Puede ser originada por una torsión excesiva o bien traumática.

Técnica: (Foto 75)

Posición del paciente: En decúbito supino con el pie en flexión plantar. Masajista situado de pie frente al

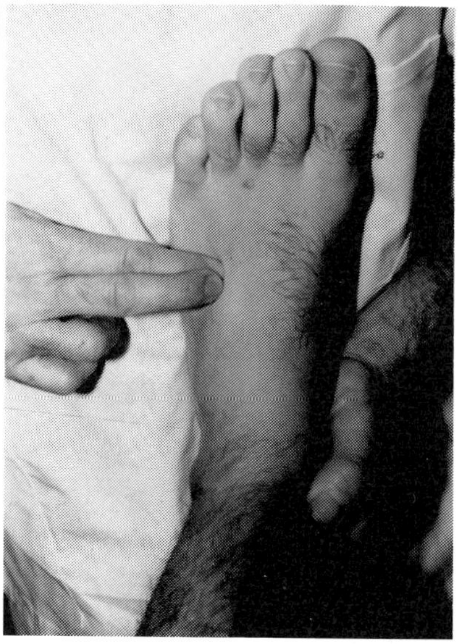

FOTO 75
MUSCULO INTEROSEO DORSAL

paciente. Con una mano coge el pie y con la otra coloca el dedo índice, reforzado por el medio sobre el músculo afectado. A continuación realiza la fricción, con movimientos de prono-supinación del antebrazo.

Duración.- de 10-15 minutos de fricción en días alternos. Después de la F.T.P. realizar ejercicios de flexión de dedos, e incluso los T.E.N.S.

ESGUINCE DE TOBILLO

LIGAMENTO PERONEO ASTRAGALINO ANTERIOR

Es el ligamento que más se lesiona. Su principal función es impedir que el pie se deslice hacia adelante en relación a la tibia. El mecanismo de lesión suele ser la supinación (inversión) y rotación interna del pie.

Signos físicos: Dolor al mover el tobillo. Tumefacción y edema delante del maleolo externo. Derrame sanguíneo que aparecerá como hematoma posteriormente.

Si la rotura es total suele aparecer un «cajón anterior» o desplazamiento del pie, hacia adelante al empujarlo en relación a la tibia.

Técnica: (Foto 76)

Posición del paciente: Decúbito supino sobre la camilla, con la pierna en rotación interna, para que el borde externo del pie quede hacia arriba.

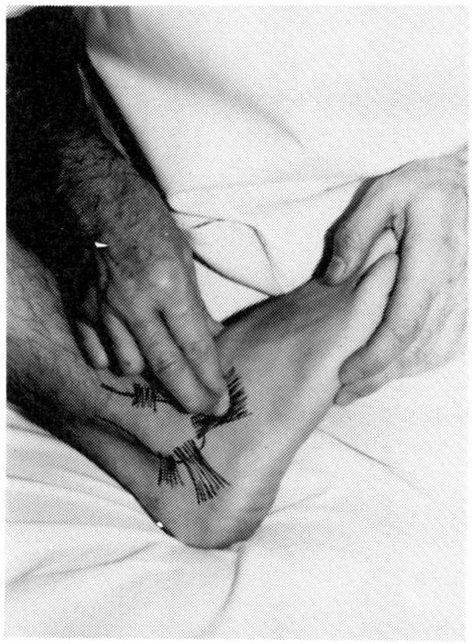

FOTO 76
ESGUINCE DE TOBILLO. LIGAMENTO PERONEO ASTRAGALINO ANTERIOR

El masajista se coloca en el lado de la camilla que corresponde a la parte interna del pie. Con una mano sujeta el empeine y realiza una ligera inversión y flexión plantar sin provocar molestias. Posteriormente se coloca el dedo índice, reforzado por el medio de la otra mano sobre el punto de distensión del ligamento que suele corresponder en su unión con el peroné más frecuentemente y se realiza un movimiento hacia adelante y atrás del mismo, intentando deslizar y mover el ligamento sobre el periostio del hueso. La presión del dedo ser realizada hacia el interior y hacia arriba. Si la lesión fuese en el astrágalo, la presión se ejerce hacia adentro y hacia abajo.

Si el esguince es muy reciente, la fricción será más ligera, pero lo suficiente para mover el ligamento. Si nos encontramos con edema que lo dificulta, utilizaremos técnica de masaje circulatorio, Crioterapia, Baños de contraste y técnicas de contracción y relajación muscular para evacuarlo.

La técnica Neuromuscular puede ser realizada para relajar la contractura reactiva de los músculos. Si la lesión es más antigua y ya existen adherencias y el edema es reducido o ha desaparecido, la F.T.P será más enérgica.

La duración del tratamiento dependerá también del momento evolutivo de la lesión. En esguinces recientes bastará con tres o cuatro minutos de F.T.P y a ser posible una o dos veces al día. Posteriormente se puede ir incrementando la duración hasta los 10 ó 15 minutos en días alternos.

Es importante completar el tratamiento con una adecuada reeducación propioceptiva, de cara a evitar recidivas y fortalecimiento de músculos como en los peroneos laterales.

ESGUINCE DE LIGAMENTO PERONEO CALCANEO

Generalmente es una lesión que acompaña al desgarro del ligamento peroneo astragalino anterior, siendo más raro que aparezca de forma aislada.

Los síntomas son dolor y tumefacción en el ligamento lesionado, derrame sanguíneo con hematoma detrás y debajo del maleolo externo e inestabilidad con aumento de la inversión del pie en comparación con el lado no lesionado.

Técnica: (Foto 77)

Posición del paciente: acostado con la pierna en rotación interna, para que la parte externa del pie quede hacia arriba.

Terapeuta colocado en el lado contrario en la cara interna del tobillo a tratar. Con una mano mantiene el tobillo en ligera aducción asiéndolo por el empeine. Con el dedo índice reforzado por el medio de la otra mano, realiza una presión hacia abajo en el punto lesionado y hacia arriba en el caso de estar la lesión junto al peroné. Posteriormente mover hacia adelante y atrás, intentando imitar el movimiento fisiológico del ligamento sobre el periostio.

Similar posición y técnica se adoptará para el fascículo posterior del ligamento lateral externo (ligamento peroneo-astragalino posterior). (Foto 78)

ESGUINCE DEL LIGAMENTO DELTOIDEO

Es bastante infrecuente en la población en general. El uso de tacones altos así como los deportes de contacto incrementan su incidencia. Generalmente el desgarro es parcial.

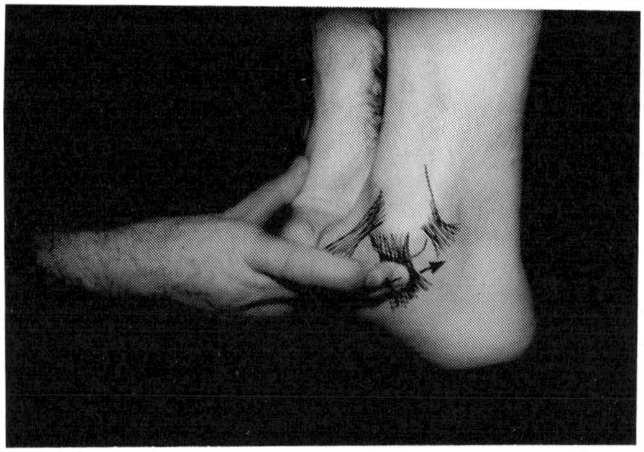

FOTO 77
LIGAMENTO
PERONEO
CALCANEO

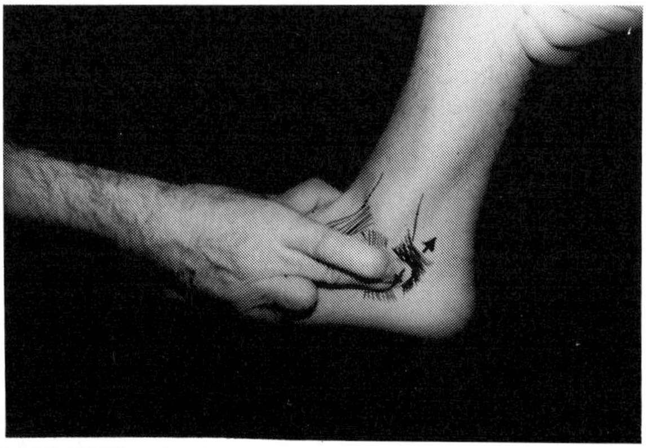

FOTO 78
LIGAMENTO
PERONEO
ASTRAGALINO
POSTERIOR

Los signos físicos son: dolor y tumefacción en el trayecto del ligamento, bajo el maleolo interno. Si el desgarro es total, se aprecia una mayor eversión en el tobillo afectado en relación al sano. La flexión plantar también es dolorosa.

Según Cyriax, la F.T.P. es inútil y la manipulación perjudicial ya que, según él, este ligamento se comporta de manera diferente al externo.

La Columna Vertebral

La aplicación de F.T.P. en las lesiones de la espalda es de más reciente aparición. El Dr. Cyriax en su libro, refiere pocas aplicaciones sobre el músculo esplenio de la cabeza, los intercostales, el coxis y alguna más.

Cyriax propone la manipulación vertebral como tratamiento a los dolores de espalda. Es el Dr. Trossier quien desarrolla la F.T.P. en diversas lesiones, principalmente en ligamentos supraespinoso y en esguinces cervicales, ligamentos iliolumbares y sacroilíacos. (Foto 79)

MUSCULO ESPLENIO

A nivel de su inserción occipital, el músculo esplenio suele presentar pequeñas fibrosis que provocan dolor al realizar la extensión y flexión lateral del cuello contrarresistencia.

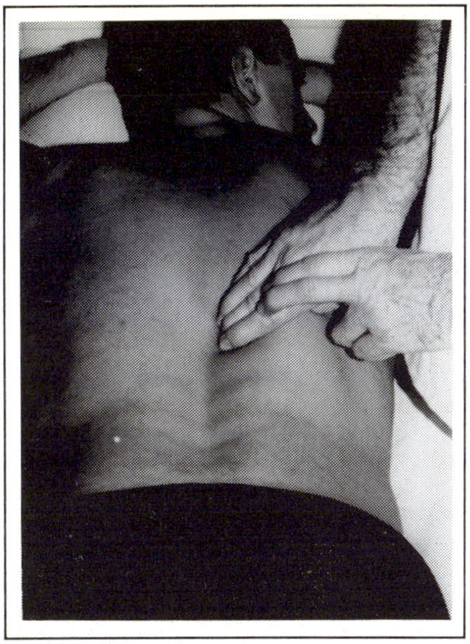

FOTO 79
COLUMNA VERTEBRAL

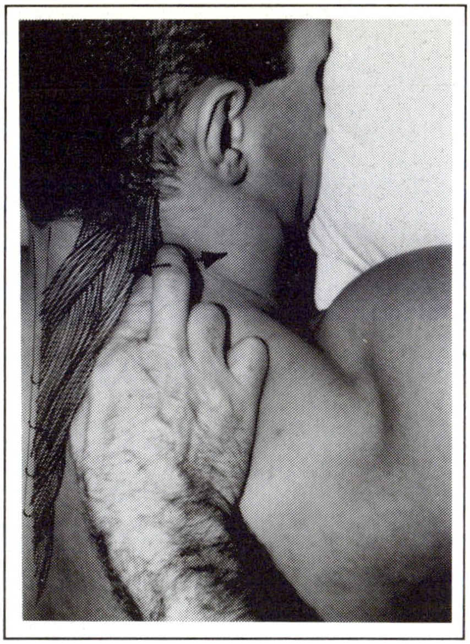

FOTO 80
MUSCULO ESPLENIO

Es una buena indicación aplicar la F.T.P. en estos casos aunque su aplicación es dolorosa.

Técnica: (Foto 80)

Posición de paciente: en decúbito prono con la frente apoyada sobre la camilla, sobre una almohada. El masajista se coloca en el lado opuesto a la lesión y con una mano sujeta la cabeza a nivel occipital y el dedo índice reforzado por el medio de la otra mano se sitúa sobre la lesión realizando un movimiento hacia adelante y atrás mediante la flexoextensión de la muñeca.

La duración del tratamiento es de 10 a 15 minutos en días alternos.

MUSCULO INTERCOSTAL

Esta afectación aparece habitualmente tras fractura de costilla .

Los signos físicos: son dados «a punta de dedo» con dolor muy vivo, no en costilla sino en el músculo.

Técnica: (Fotos 81 y 82)

Posición del paciente: sentado en camilla.

Terapeuta en el lado contrario a tratar. Coloca el dedo medio en el punto de lesión y realiza un movimiento hacia adelante y atrás siguiendo el surco intercostal.

Duración del tratamiento: Alrededor de 10 minutos, preferiblemente todos los días. En pocas sesiones se consigue una importante mejoría.

MUSCULOS ERECTORES DE LA COLUMNA

Se produce en personas o en deportistas que levantan mucho peso o que realizan movimientos de flexo-extensión y rotación brusca de la columna como lanzadores de jabalina, disco, pértiga, pesistas, etc..

A veces se afecta también las últimas fibras de trapecio y el dorsal ancho.

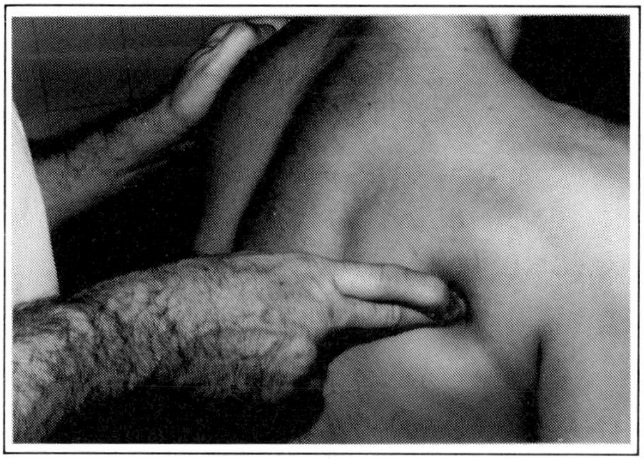

FOTO 81
MUSCULO
INTERCOSTAL

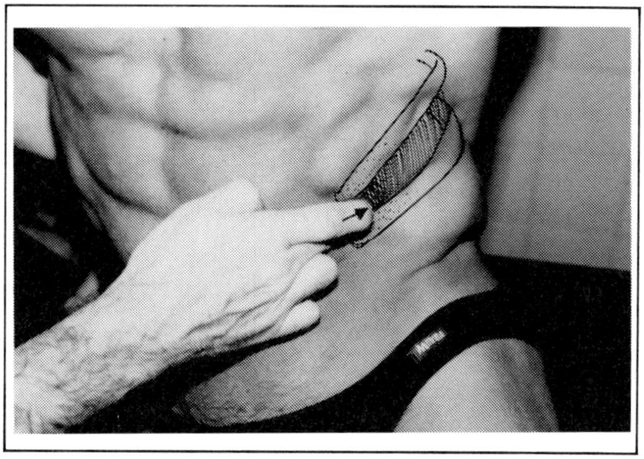

FOTO 82
MUSCULO
INTERCOSTAL

Los signos físicos son: dolor, si no en un punto, sí al realizar los movimientos de flexoextensión o rotación. A la palpación también se observa la rotura y un fuerte dolor local.

Técnica: (Foto 83)

Posición del paciente: en decúbito prono. El terapeuta se sitúa en el lado opuesto a la lesión y coloca los dedos índice, medio o incluso el anular abarcando toda la lesión. Los dedos hay que colocarlos transversos a la lesión por lo que deben de conocer la orientación de las fibras del músculo lesionado. Posteriormente se aplica una fricción con un movimiento hacia adelante y atrás de los dedos mediante la acción de flexoextensión del codo.

La duración del tratamiento es de unos 10 minutos, preferentemente todos los días o en días alternos.

COXIS

Un tratamiento de probado efecto es el que Cyriax refiere para el dolor de coxis, producido tras una caída sobre las nalgas o bien postparto.

Los signos físicos son: al sentarse o a la palpación pudiendo estar la lesión en los ligamentos sacrocoxígeos laterales y posteriores. Si es en el anterior no se puede acceder.

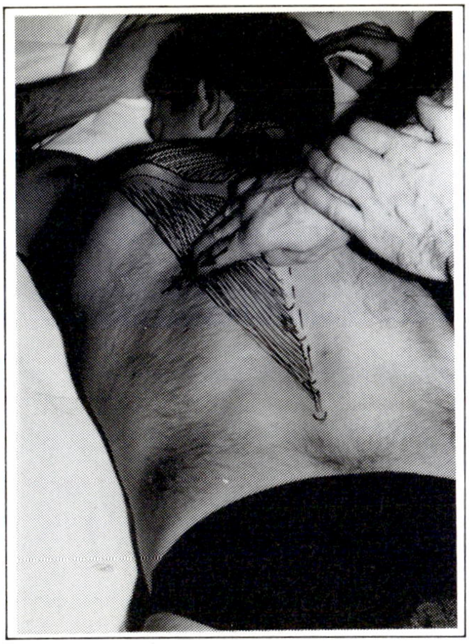

FOTO 83
TRAPECIO
FIBRAS INFERIORES

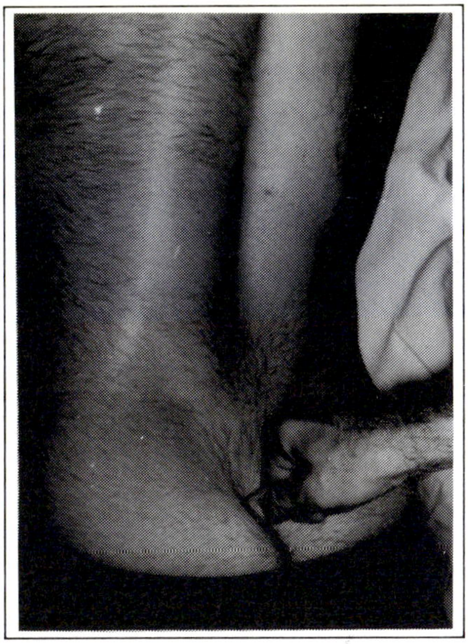

FOTO 84

COXIS

Técnica: (Foto 84)

Posición del paciente: en posición prono preferiblemente. Con una almohada o cojín en el abdomen o sobre la sínfisis de pubis. El masajista se coloca al lado del paciente y coloca su dedo pulgar sobre la lesión realizando movimientos de abducción y aducción con el mismo.

Duración del tratamiento: unos 15 ó 20 minutos dos veces por semana o una vez por semana.

LIGAMENTO ILIOLUMBAR

Este ligamento que posee dos haces, uno superior y otro inferior, une la pelvis con las apófisis tranversas de L4-L5. Existe otro más inferior que une la pelvis al sacro llamado iliosacro.

Estos ligamentos se afectan con motivo de torsiones y rotaciones bruscas de la columna o en un accidente traumático pudiendo ocasionarse distesiones de ligamentos, auténticos esguinces lumbares.

Los signos físicos son: dolor lumbar agudo sobre todo a la movilidad de flexoextensión y rotación de la columna lumbar, con dolor vivo localizado en dicho ligamento.

Técnica: (Foto 85)

Posición de paciente: en decúbito prono, con una almohada o cojín bajo el abdomen. Terapeuta situado en el lado contrario a la lesión. Coloca el dedo índice y medio en el ligamento distendido y realiza un movimiento supero inferior en el mismo mediante la flexoextensión del codo.

La duración del tratamiento es de unos 10 minutos, aunque en periodo agudo puede ser inferior la duración y en días alternos.

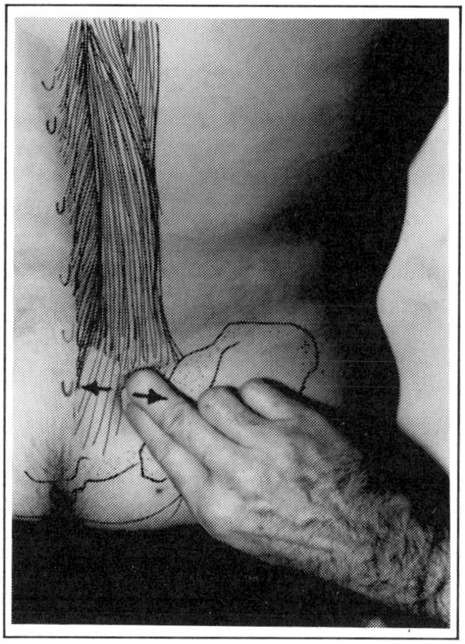

FOTO 85
LIGAMENTO ILIO-LUMBAR

LIGAMENTOS SACRO-ILIACOS

Sobre todo los ligamentos ilio-transversos cuya lesión se produce por golpe directo en accidente traumático o en fuertes torsiones de la columna.

Los signos físicos: son similares al anterior aunque el punto lesional es en la articulación sacroilíaca.

La técnica : es similar. Posición prono del paciente y con el dedo índice o medio (a veces se utiliza el pulgar) se realiza un movimiento supero-inferior. (Fotos 86 y 87)

La duración es de 10-15 minutos en días alternos.

LIGAMENTO SUPRA-ESPINOSO

Este ligamento une las apófisis espinosas por encima del ligamento intraespinoso. Se afecta en movimientos de flexión brusca sobre todo en la zona cervical. En dichos esguinces cervicales de flexión se puede realizar la F.T.P. pero con sumo cuidado.

Técnica: (Foto 88)

Posición del paciente: en decúbito prono con la frente en la almohada. Se coloca el terapeuta en un lado de la camilla y con el dedo índice reforzado con el medio se sitúa sobre el ligamento distendido realizando un movimiento antero-posterior ejercido por la flexoextensión de la muñeca.

Si la afección es en la zona dorsal, mucho más inferiormente, el movimiento es efectuado por una flexo-extensión del codo.

No se debe confundir la afección de ligamento con dolores de las inserciones musculares en las apófisis espinosas.

La duración del tratamiento es, inicialmente, de 3 a 5 minutos y posteriormente se va aumentando hasta los 10 ó 15 minutos aproximadamente.

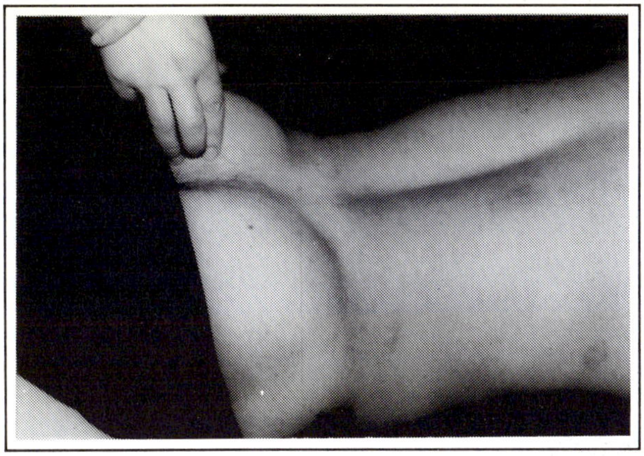

FOTO 86
LIGAMENTO
SACROILIACO.
ILIO-TRANSVERSO
CONJUGADO

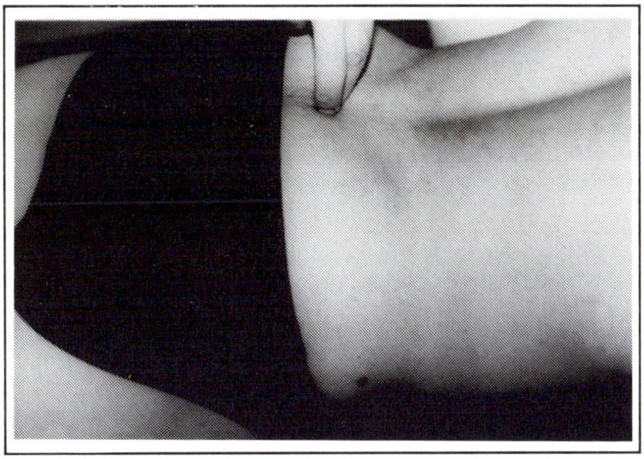

FOTO 87
LIGAMENTO
SACROILIACO

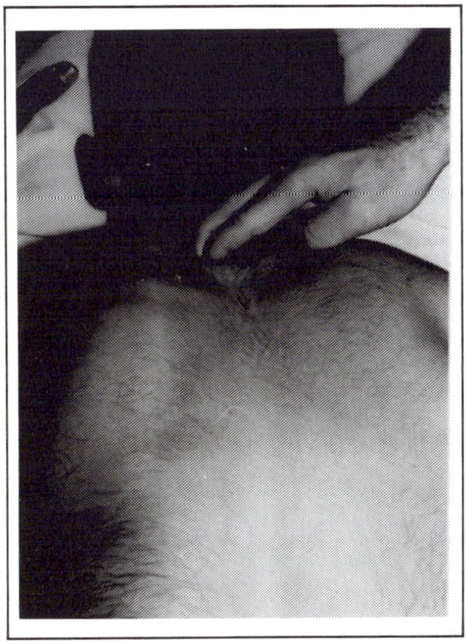

FOTO 88
LIGAMENTO SUPRAESPINOSO

LO QUE SE PUEDE ASOCIAR
A LA F.T.P

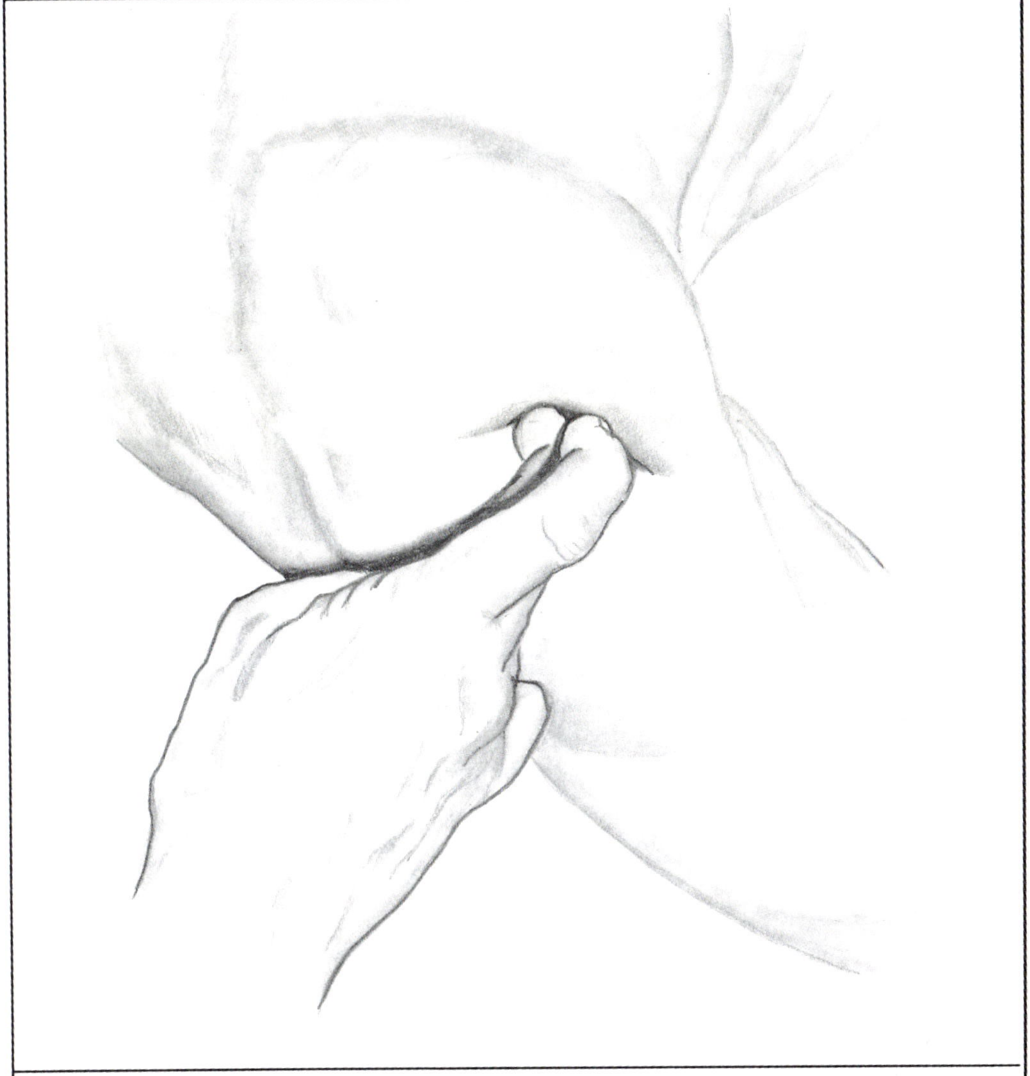

III PARTE

TERCERA PARTE

LO QUE SE PUEDE ASOCIAR AL CYRIAX

MEDIOS FISICOS

Somos conscientes de que la F.T.P. como técnica específica de masaje es un medio antiálgico excelente, no obstante, cuando el médico reha-bilitador o deportivo realiza un programa de tratamiento, una vez establecido el diagnóstico definitivo, en el arsenal médico existen otra serie de técnicas fisioterápicas y en ocasiones quimioterápicas, medicación, infiltraciones, etc... que se suman y complementan con el masaje de Cyriax redoblando su eficacia.

Entre los medios físicos que habitualmente se suelen asociar al Masaje de Cyriax están:

• El Masaje Clásico que por sus efectos fisiológicos permite reforzar la acción antiálgica e hiperemiante de la F.T.P. de Cyriax con la ventaja de que las técnicas de masaje clásico que suelen aplicarse especialmente sobre el músculo no van a provocar dolor. Tal es el caso de la aplicación de la F.T.P. sobre las entesitis en las que será conveniente realizar a posteriori maniobras de rozamiento, fricción y amasamiento - especialmente- sobre el músculo o músculos cuya inserción provoca la patología correspondiente de la entesitis.

• En otras ocasiones es el calor y el masaje de calentamiento sobre aquellos músculos a los que previamente se aplicó la F.T.P. de Cyriax, en los casos en que al deportista le esté permitido participar en la competición o el entrenamiento.

Para reforzar el efecto analgésico de la F.T.P. pueden aplicarse sobre la zona lesionada sesiones de Ultrasonido por sus efectos conocidos (micromasaje, hiperemia, lisis celular, analgésico y relajante muscular)) asociándolo o no a la aplicación de Láser (analgésico y anti-inflamatorio), Magnetoterapia y los distintos tipos de corrientes de alta, media y/o baja frecuencia.

El T.E.N.S, una de las últimas incorporaciones de la electromedicina como medio analgésico, es perfectamente compatible tras la aplicación de la F.T.P. para reforzar su efecto analgésico.

Cyriax recomendaba en ciertos casos, después de aplicarse la F.T.P. la movilización de los tejidos:

- Contracciones voluntarias del músculo en los casos de traumatismos musculares recientes.

- Movimientos pasivos después de esguinces recientes y posteriormente activos.

- Movimientos forzados en el esguince crónico para deshacer adherencias.

La Cinesiterapia es la parte de la Medicina Física que utiliza el movimiento con fines terapéuticos.

Puede ser:

ACTIVA: ejercicios realizados por el propio paciente utilizando sus propias fuerzas, o sea, ejercicios consecuentes de su actividad voluntaria automática.

PASIVA: el movimiento no es facilitado por el paciente sino por una fuerza exterior (fisioterapeuta o dispositivo mecánico).

El movimiento, desde el punto de vista articular, previene la rigidez y aumenta el arco de recorrido de las articulaciones. Desde el punto de vista muscular estimula y potencia los músculos, recupera su fuerza y disminuye las contracturas.

Desde el punto de vista nervioso es capaz de restaurar imágenes motrices y evitar la pérdida del esquema corporal. Desde el punto de vista circulatorio mejora las tres circulaciones: flujo arterial y las dos de retorno (venosa y linfática).

Desde el punto de vista óseo, el movilizar los músculos y articulaciones previene o evita osteoporosis y desde el psíquico eleva notablemente el aspecto moral y anímico del paciente.

En los casos de esguince en fase de rehabilitación, después de la F.T.P. de Cyriax, los ejercicios de facilitación neuromuscular propioceptiva aceleran el proceso de recuperación funcional.

• La Hidroterapia por medio de baños de contraste o de baños de remolino puede ser otra medida importante, complementaria de la F.T.P. y siempre después de la fricción.

En ocasiones, después de un esguince o una contusión puede surgir un EDEMA LOCAL o LINFEDEMA en cuyo caso está indicada la realización de maniobras de Masaje Drenaje Linfático Manual, las cuales, a pesar de ser maniobras de masaje no doloroso, deben realizarse una vez ejecutada la F. T.P. salvo en los casos que el Linfedema sea muy masivo y no nos permita llegar con el dedo a la estructura (ligamento por lo general) lesionada en cuyo caso el MDLM será previo a la aplicación del Cyriax.

• Uno de los medios físicos que actualmente gozan de mayor eficacia terapéutica, en especial en medicina deportiva, es el frío (CRIOTERAPIA) aplicado superficialmente, por su acción eminentemente analgésica al disminuir el dolor y el proceso inflamatorio, estimulando en una segunda fase la circulación sanguínea por vasodilatación (la acción inicial es vasoconstrictora).
Ambas medidas (F.T.P. y Crioterapia) pudieran ser perfectamente compatibles aunque no simultáneamente, teniendo en cuenta que la F.T.P., genera una analgesia inmediata y provoca una hiperemia más duradera, además de movilizar fisiológicamente los tejidos, de ahí las ventajas de la técnica de Cyriax.

Nosotros no somos partidarios de la aplicación de bolsas de hielo o de cubitos para CRIOMASAJE simultáneamente a la aplicación la F.T.P. por dos principios:

1.- Si aplicamos antes crioterapia de la F.T.P. disminuye el dolor o lo anula, con lo cual enmascara la zona lesionada sobre la cual debe aplicarse la Fricción.

2.- Si aplicamos crioterapia después de la F.T.P. anulamos la hiperemia traumática que se provoca con la fricción como consecuencia del efecto vasoconstrictor del frío.

No obstante, en algunas ocasiones, después de esguinces recientes o puntos hiperálgicos vemos justificado el empleo de frío.

Algunos autores: Asirón, García Alsina, etc.. (vease «opiniones») emplean el hielo previo a la fricción.

De aplicar ambas técnicas fisioterápicas creemos más conveniente realizarlas en dos momentos distintos del proceso rehabilitador o bien distanciadas en el tiempo.

Finalmente, recordar que Cyriax en su obra «ORTOPEDIA CLINICA» asocia en ocasiones las manipulaciones, masajes y las infiltraciones, no desechando las tracciones a nivel de raquis.

COMENTARIOS SOBRE LA F.T.P

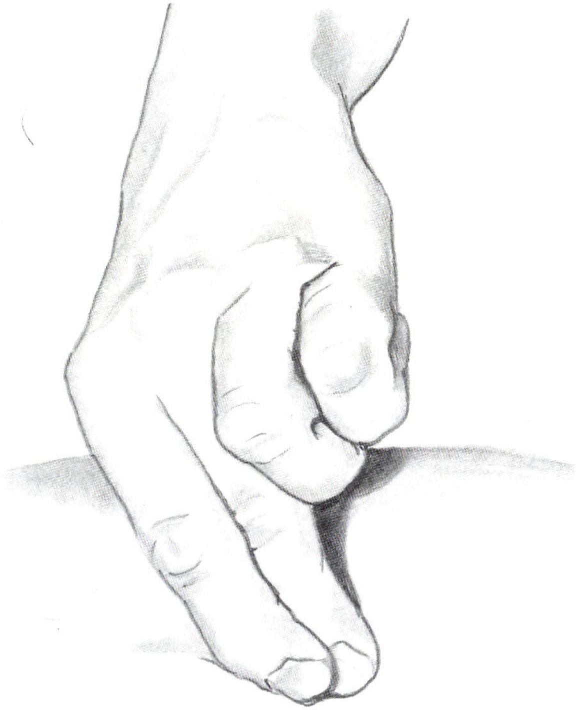

IV PARTE

CUARTA PARTE

COMENTARIOS DE DISTINTOS AUTORES SOBRE LA F.T.P DE CYRIAX

PARA LA APLICACION DE M.T.P. EL DIAGNOSTICO DE LA LESION DEBE SER ESTABLECIDO CON MUCHA PRECISIÓN Y NO DEBE SER HECHO NADA MAS QUE POR EL MEDICO FAMILIARIZADO CON EL EXAMEN CLÍNICO DE ESTE TIPO DE LESIONES

LOS ELEMENTOS ANATOMICOS TRATADOS POR EL M.T.P. SON:

- **FRAGMENTOS DE CAPSULA ARTICULAR EN PARTICULAR LOS LIGAMENTOS**
- **FIBRAS MUSCULARES (CARNOSAS)**
- **TENDONES**
- **EL CONJUNTO FORMADO POR LA VAINA SINOVIAL Y SU TENDON**

REQUISITO INDISPENSABLE

"PODER COLOCAR EL DEDO SOBRE LA LESIÓN"

- O. TROISIER
- A. STROHL
- A. MEZCERES
- S. DEVOS

M.T.P. DE CYRIAX EN LAS ALGIAS RAQUIDEAS

(O. TROISIER)

EN ALGIAS LIGAMENTOSAS PRECISAS:

- ESGUINCE CERVICAL
- LIGAMENTO SUPRAESPINAL
- LIGAMENTO INTERESPINOSO
- LUMBALGIA AGUDA
- ESGUINCE LUMBAR
- LIGAMENTOS INTERTRANSVERSOS
- LIGAMENTOS ILIO-LUMBARES
- LIGAMENTO SACRO-ILIACO POSTERIOR
- LIGAMENTOS INTERAPOFISARIOS

- SESION DE 15-20 MINUTOS
- FATIGOSA PARA EL TERAPEUTA
- EL DOLOR ALIVIA EN LOS PRIMEROS MINUTOS
- SE ASOCIA A MOVILIZACION
- A LAS 3 - 4 SESIONES SE COMPRUEBA SU EFICACIA
- SI NO CAMBIAN LOS SIGNOS DOLOROSOS A LAS 5 O 6 SESIONES:
  - REVISAR DIAGNOSTICO
  - CAMBIO TRATAMIENTO

CON SU APLICACION SE OBTIENEN DOS EFECTOS: PRIMERO SE GENERA UNA HIPEREMIA LOCAL (TRAUMATICA) POR MEDIO DE LA FRICCION SUAVE MAS O MENOS DOLOROSA PERO ENERGICA. ESTA FRICCION OCASIONA UNA HIPEREMIA GENERADORA DE ANALGESIA. EN UN SEGUNDO TIEMPO SE PROVOCA UNA MOVILIZACION DE LAS FIBRAS MUSCULARES LIGAMENTOSAS O TENDINOSAS, CON LO QUE SE FAVORECE LA PROGRESIVA LIBERACION Y ROTURA DE ADHERENCIAS

EL DOLOR DISMINUYE PAULATINAMENTE A LA VEZ QUE LA FUNCION DEL MUSCULO O LIGAMENTO TIENDE A RESTABLECERSE MEJORANDO LA MOVILIDAD ARTICULAR.

LOURDES ARGOTE (LONDRES)
"EL MASAJE TERAPEUTICO Y DEPORTIVO"
J.VAZQUEZ GALLEGO

L.P. RODRIGUEZ
R. VALERO
A. ALVAREZ

"REHABILITACION"
A. MOLINA ARIÑO

ESTA TECNICA SE CARACTERIZA POQUE SUS MANIOBRAS SE REALIZAN DE UNA FORMA PUNTUAL Y ESPECIFICA

ADEMAS DE SU EFECTO ANTIALGICO SE PUEDE OBSERVAR UNA REARMONIZACION FUNCIONAL

FRICCION PROFUNDA

" LA FORMA MAS ENERGICA DE MASAJE
ES LA FRICCION PROFUNDA "

" POR MEDIO DE ELLA Y SOLO POR ELLA

**EL MASAJE PUEDE LLEGAR
A ESTRUCTURAS QUE SE
ENCUENTRAN MUY POR DEBAJO
DE LA SUPERFICIE CORPORAL "**

(CYRIAX: "ORTOPEDIA CLINICA", pag. 23)

M.T.P. → **FINALIDAD MULTIPLE**

MANTIENE LA
MOVILIDAD DE LOS
TEJIDOS TRAUMATIZADOS

PRODUCE
HIPEREMIA LOCAL

FACILITA LA PRODUCCION DE
FIBRAS COLÁGENAS ORIENTADAS
DE MODO IDÓNEO PARA RESISTIR
EL STRESS MECÁNICO.

CICATRIZ
MOVIL

ESTIMULA LOS
MECANO-RECEPTORES QUE
INHIBEN EL PASO DE MENSAJES
AFERENTES NOCICEPTIVOS

MOVIMIENTO MAS FISIOLÓGICO
ANALGESIA

(GIUSEPPE RIDULFO, ITALIA)

" LA FRICCION PROFUNDA CONSTITUYE UN METODO PARA EVITAR LAS CICATRICES DOLOROSAS, PARTICULARMENTE PARA LOS MUSCULOS (SEGUIDA DE MOVIMIENTO ACTIVO), LIGAMENTOS (SEGUIDA DE MOVIMIENTO PASIVO) Y PARA LOS TENDONES (SEGUIDA DE REPOSO)."

J. CYRIAX

Capitulo VIII
de la obra:
MASAJE, MANIPULACION
Y TRACCION
de SIDNEY LINCHT

" CYRIAX APLICA MOVIMIENTOS LINEALES TRASVERSALMENTE A LAS FIBRAS MUSCULARES "

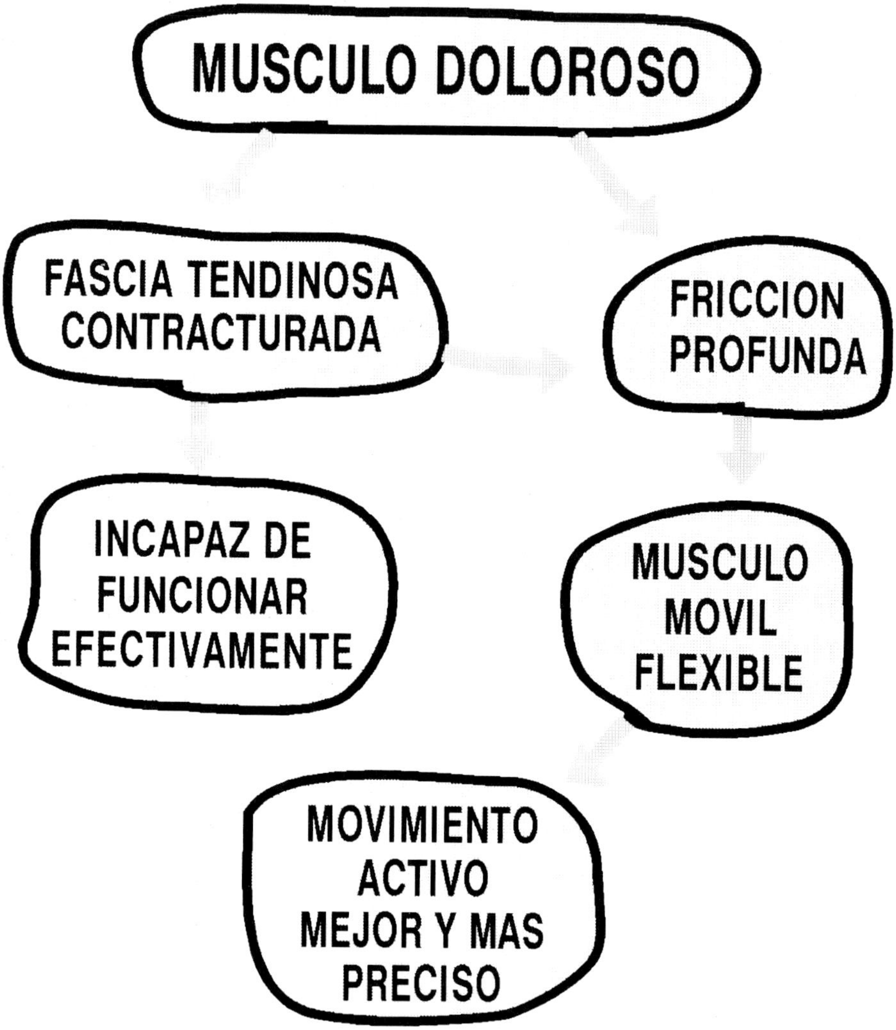

(EXTRACTADO DE BEAR-WOOD-BECKER)

LA FRICCION

JAMES CYRIAX Y GILLEAN RUSSELL EMPLEABAN UNA TECNICA DENOMINADA MASAJE DE FRICCION PROFUNDO PARA ACTUAR SOBRE LAS ESTRUCTURAS MUSCULOESQUELETICAS DE LIGAMENTOS, TENDONES Y MUSCULOS, CON EL FIN DE PROVOCAR MOVILIZACIONES TERAPEUTICAS SOBRE UN AREA REDUCIDA. LOS OBJETIVOS DE LOS MOVIMIENTOS DE FRICCION SON LIBERAR TEJIDOS FIBROTICOS ADHERIDOS (CICATRIZ), COLABORAR A LA EVACUACION DE EDEMAS O HEMORRAGIAS LOCALIZADAS Y REDUCIR EL ESPASMO MUSCULAR

WILLIAM E. PRENTICE
Ph D., A.T.C.P.T.
"Medicina Deportiva: Tecnicas Terapeuticas"

EL MASAJE TRANSVERSAL PROFUNDO DEL DR. CYRIAX

POR SU EFECTO DE HIPEREMIA DURABLE (ANTALGICO) Y DE MOVILIZACION DEL TEJIDO, PERMITE TRATAR ELECTIVAMENTE PEQUEÑAS LESIONES TENDINOSAS, LIGAMENTOSAS O MUSCULARES BIEN LOCALIZADAS Y NO INFLAMATORIAS AGUDAS

EL MASAJE CONSISTE EN UN MOVIMIENTO PROFUNDO Y APOYADO DE VAIVEN TRANSVERSAL CON RELACION AL AL TENDON O A LA FIBRA MUSCULAR.

YVES XHARDEZ
"VADEMECUM DE KINESIOTERAPIA Y
DE REEDUCACION FUNCIONAL"

OPINIONES

MASAJE DE FRICCION TRASVERSAL PROFUNDA (CYRIAX)

Por medio de esta técnica puede llegarse a las estructuras más profundas de constitución blanda que se encuentran lesionadas.

El objetivo del masaje de Cyriax es recuperar la movilidad de las partes blandas, que se halla disminuida a causa de la lesión.

Debe ser realizada con una técnica analítica de penetración.

S. CANAMASAS IBAÑEZ
(Fisioterapeuta)

TECNICAS MANUALES:
MASOTERAPIA

Dr. Ignacio Salinas Sánchez

JEFE DEPARTAMENTO DE REHABILITACION
Hospital General de Especialidades
«VIRGEN DE LAS NIEVES»
Servicio Andaluz de Salud
GRANADA

El masaje transverso profundo de Cyriax es una de las técnicas masoterápicas más en boga en la actualidad, pero su vigencia terapéutica ya ha sido comprobada en las últimas décadas.

Se debe aplicar con rigor clínico, tanto en la técnica como en el lugar y la estructura tisular lesionada.

En mi opinión es una muy eficaz terapéutica en lesiones subagudas y crónicas de músculos, tendones y ligamentos, tanto por sí sola o acompañada de otras técnicas rehabilitadoras aunque siempre tras el diagnóstico médico, localización de la lesión y técnica correcta.

Dr. Roberto Pastrana Pérez-Canales

JEFE SERVICIO DE REHABILITACION
Hospital «Ramón y Cajal»
MADRID

El M.T.P. de Cyriax fue conocido por nosotros directamente del Dr. James Cyriax en el año 1972, fecha en que viajamos a Londres y tuvimos el raro privilegio de trabajar con él, para luego invitarlo a dar un curso en nuestro Centro de Rehabilitación de la C.S. «Virgen del Rocío» de Sevilla.

Años más tarde observamos que la misma idea de «fricción transversal profunda» era empleada también por el Dr. Maigne en el «Hotel Dieu» de París como técnica de primera elección en las raquialgias, y como tal, la incorporamos a nuestra rutina diaria en nuestros Servicios («Virgen del Rocío» y «Ramón y Cajal») y más tarde en el tratamiento de lesiones periféricas deportivas en CERVYPAL y RUBER Internacional.

Creo que la técnica se ha consagrado por su éxito, especialmente en tendinitis, entesitis y ligamentopatías, así como ciertas lesiones musculares cronificadas y me parece una iniciativa muy oportuna la de los Drs. Jesús Vázquez Gallego y Andoni Jauregi Crespo, publicando una monografía sobre ella para el mejor conocimiento de todos aquellos que hacemos Rehabilitación y Patología Deportiva.

D. Gonzalo Lorza Blasco

FISIOTERAPEUTA
EIRE, Esport i Rehabilitació
BADALONA
Club Joventut Badalona
BADALONA

A la hora de tratar una lesión deportiva, nos encontramos muchas veces con una lesión aguda, de instauración reciente y en ocasiones con premuras de tiempo a causa de la competición. Técnicas de fisioterapia como el Masaje Tranverso Profundo de Cyriax son un arma muy útil para nosotros. Por una parte sus resultados son rápidos y por otra, para su realización no es necesario ningún tipo de utillaje con lo cual su versatilidad aumenta.

Además es una técnica que se puede combinar fácilmente con otros medios físicos, ya sean manuales o electroterápicos.

Merece la pena destacar que, para obtener los resultados apropiados, es necesario que se cumplan dos requisitos fundamentales: por una parte un dominio de la técnica y una pericia en su desarrollo que requiere no sólo una formación previa, si no también una experiencia en su utilización; por otra y tan importante o más que la primera, es el conocimiento exhaustivo no sólo de la lesión, sus mecanismos de producción y su evolución anterior, si no un análisis lo más profundo posible de todas las circunstancias individuales que rodean al deportista.

Cumplidas estas premisas, podemos asegurar que el Masaje Transverso Profundo de Cyriax nos ayuda a resolver gran cantidad de problemas que padece el aparato locomotor como consecuencia de la práctica deportiva.

Dr. Juan José González Iturri

PRESIDENTE DE LA FEDERACION ESPAÑOLA DE MEDICINA DEPORTIVA (FE.ME.DE)
PAMPLONA

La intensidad en la práctica deportiva está condicionando la aparición de numerosos problemas lesionales que englobamos dentro de la denominación de: hipersolicitación asentada preferentemente en las partes blandas del aparato locomotor de quien practica el deporte con intensidad.

Los problemas a nivel del músculo, tendón, fascias, ligamentos, plantean situaciones de dolor originadas por procesos de tipo inflamatorio que, en ocasiones, determinan pérdidas de muchas sesiones de entrenamiento, de competición y, a veces, acarrean la necesidad de un abandono de la práctica deportiva.

A lo anterior se ha de añadir la patología de origen traumático que tratada con medios de inmovilización o quirúrgicos y/o las secuelas de la propia cirugía de quien practica deporte hacen que cuando nos movemos en la Rehabilitación de la patología del aparato locomotor en el deporte debamos incluir medios físicos de tratamiento que han de mejorar la situación fascial, ligamentosa, de las cicatrices musculares y de las adherencias.

La fricción transversa profunda, denominada Masaje de Cyriax en el ámbito de la terapia física es un medio cada vez más empleado en el terreno que nos ocupa: la patología del deportista. La acción mecánica del masaje origina en el área de tratamiento una importante hiperemia, lo que beneficia la disminución del dolor de modo duradero, aunque hemos de tener en cuenta que las maniobras son dolorosas.

El masaje de Cyriax moviliza la zona de dolor, pudiendo liberar adherencias y/o alterar un proceso de cicatrización patológica. La acción es transversa, con lo que se mueve únicamente el tejido tratado, no alterándose para nada la circulación sanguíneo-linfática.

Como siempre en Medicina, es fundamental llegar a un diagnóstico claro, localizar exactamente la zona de lesión, realizándose una aplicación siempre transversa, con la amplitud necesaria; teniendo en cuenta a nivel muscular que éstos han de encontrarse relajados. En cambio las áreas tendinosas estarán en tensión.

Una indicación preferente en el deporte es a nivel muscular bien para lesiones agudas o crónicas. En las primeras, inicialmente el masaje de Cyriax no ha de ser muy enérgico y de larga duración, siguiéndose de movimientos activos que mantengan la elongación muscular; en la fase de cronicidad... las más habituales para las indicaciones del masaje de Cyriax, se realizan cuando la lesión muscular ha cicatrizado.

Se crea en el músculo en ocasiones zonas fibróticas que alteran la acción del músculo. En estas ocasiones el masaje de Cyriax lo orientaremos a fluidificar áreas de deslizamiento entre vaina y tendón, siempre con éste último elemento a tensión. Sin ejercicios, sin movimientos agresivos. También se aplica este masaje en el deporte incluso en tendinitis de inserción o entesitis.

En las lesiones ligamentosas, frecuentes en el deporte a nivel de rodilla y sobre todo de tobillo, una fricción localizada alivia el dolor, movilizando los ligamentos en una reproducción de la funcionalidad normal.

Se utiliza más este tipo de masaje en los esguinces crónicos, en los que existe un dolor que complica la actuación del deportista en base sobre todo a la existencia de una mala cicatrización, unas adherencias.... Con el masaje de Cyriax en el que se da una gran movilización disminuyen éstas.

Como en toda terapia existen contraindicaciones y éstas nos las dicta un correcto diagnóstico. Procesos inflamatorios en fase aguda, traumatismos óseos recientes y/o articulares, compresiones neurológicas, calcificaciones de partes blandas (por ejemplo la miositis osificante, patología en la que está contraindicado todo tipo de masaje).

D. Antoni Cabot Hernández

FISIOTERAPEUTA DEL DEPORTE

EX-JEFE DEL SERVICIO DE FISIOTERAPIA DEL CENTRE D'ALT RENDIMENT ESPORTIU

C.A.R. Sant Cugat. Barcelona

Profesor de la E.U. de Fisioterapia «BLANQUERNA» de la U.R.L

Fisioterapeuta Villa Olímpica. Barcelona 92

El Masaje Transverso y Profundo del Dr. J. Cyriax, es una técnica que por su «intensidad», siempre he utilizado en el tratamiento de lesiones crónicas de las partes blandas, en pacientes jóvenes, y también en situaciones en que el tratamiento convencional no daba el resultado esperado.

En general los resultados obtenidos han sido satisfactorios, remitiendo los síntomas álgicos a partir de la segunda o tercera sesión de Masaje Transverso Profundo.

Dr. Juan Francisco Marcos Becerro

PRESIDENTE DE LA COMISION MEDICA DEL COMITE OLIMPICO ESPAÑOL

MADRID

En los últimos años se viene aplicando en la Medicina del Deporte la técnica de la Fricción Transversa Profunda de Cyriax como un excelente remedio fisioterápico, preferentemente como masaje analgésico de lesiones musculares y tendinosas del deportista.

Creo que todo masajista deportivo debe dominar perfectamente esta técnica, si quiere aportar un medio analgésico muy valioso para el tratamiento de sus deportistas. De ahí mi insistencia en el reciclaje y actualización de éstos mediante la asistencia a Cursos de Masaje Deportivo tanto en sus exposiciones teóricas como prácticas.

Dr. P.J. Asirón Yribarren

CATEDRATICO DE REHABILITACION

Facultad de Medicina

UNIVERSIDAD DE ZARAGOZA

El Masaje Transverso Profundo o técnica de Cyriax, lo utilizamos y recomendamos regularmente dentro del masaje del deportista.

Su eficacia, incontestable, está supeditada a la exquisita aplicación de la técnica: «movimientos rápidos, profundos, transversales y prolongados, aplicados sobre ligamentos y tendones».

Quisiera destacar su interés como:

• Preparación al esfuerzo deportivo, como «alerta» en zonas muy solicitadas o con lesiones de repetición.

• Tratamiento de una lesión reciente, donde la duración del masaje debe ser extraordinaria; tanto, que según comunicación verbal, en un centro de técnicas manuales holandés, la aplicación por ejemplo sobre un esguince recién producido, se debe prolongar de 3 a 5 horas para obtener un resultado excelente. No tengo experiencia propia y veo la dificultad por parte de masajista. La prudencia es de rigor si después del masaje bien hecho y suficientemente prolongado, persiste el dolor. Será necesario replantearse el tratamiento.

• Relajación después del esfuerzo en zona téndino-ligamentarias con sobrecarga, seguido de un masaje de distensión.

D. Enrique Gómez Fernández

FISIOTERAPEUTA DEL CENTRO REGIONAL DE MEDICINA DEPORTIVA DE LA JUNTA DE CASTILLA Y LEON

FISIOTERAPEUTA DE LA SELECCION NACIONAL SUB 21 DE FUTBOL

El Masaje es la aplicación dinámica manual sobre los distintos tejidos del cuerpo.

Desde la fricción con agua de colonia después de la ducha, hasta la técnica más precisa de la Masopuntura, existe una amplísima gama de éstas, y dentro de ellas destacaríamos una, la cual nosotros consideramos indispensable para el tratamiento y resolución de lesiones dentro del mundo del deporte, es la que se conoce como Masaje Transverso Profundo o Masaje de Cyriax.

Consideramos que es un trabajo importante la divulgación de esta técnica, así como saber en qué situaciones se puede aplicar, sabiendo de antemano que se debe de tener un amplio conocimiento anatómico del cuerpo humano y una indicación preciso de dicho tratamiento para la aplicación del mismo.

Dr. Juan García Alsina

JEFE DE SERVICIO DE REHABILITACION

HOSPITAL DE BELLVITGE

«Princeps d'Espanya»

(Generalitat de Catalunya)

El Masaje Transverso Profundo de Cyriax constituye un elemento de primer orden dentro de la terapéutica manual en las afecciones del aparato locomotor. Dentro de las técnicas de masaje es además probablemente la única que posee virtudes resolutivas.

Nosotros utilizamos el MTP sistemáticamente en las tendinitis del manguito rotador y en menor grado, en las de la porción larga de bíceps, en combinación con un enfriamiento local previo, para mejorar la tolerancia de la técnica. Para completar la sesión se termina con la aplicación de Ultrasonidos, así la hemos incluido en los protocolos de trabajo de nuestro Servicio especificando las distintas técnicas para cada una de las localizaciones. También hemos recurrido al MTP en las tendinitis aquíleas con análogos buenos resultados. En otras situaciones el MTP puede utilizarse pero su efectividad no es igual, tal es el caso de las epicondilitis del codo y de las lesiones musculares y ligamentosas en general.

El MTP exige una técnica depurada y unas manos bien entrenadas. Hay que recordar que en ciertas indicaciones su aplicación dura más de 15 minutos y no siempre se emplean estos tiempos, precisamente por la fatiga inducida en las manos del fisioterapeuta.

D. José Miguel Amóstegui Azkue

FISIOTERAPEUTA
Centro de Rehabilitación funcional
FISIOTERAPIA-RECUPERACION FUNCIONAL
EIBAR

Como fisioterapeuta que lleva más de veinte años de ejercicio profesional, reconozco que existe un «antes» y un «después» a partir de la incorporación en nuestras técnicas terapéuticas del Masaje Transverso Profundo (M.T.P.) de Cyriax.

Efectivamente, desde que en los años setenta y de la mano de la fisioterapeuta Lourdes Argote -alumna del equipo docente del Dr. Cyriax- descubrimos y aprendimos la técnica de la Fricción Profunda, cambiaron por completo nuestros resultados en los tratamiento de lesiones de partes blandas, de diferente etiología por sobresolicitación, sobreestiramiento, rotura fibrilar, etc..

El cambio de los tratamientos convencionales, a base de reposo (yeso, ortesis, etc.) más electroterapia y posterior recuperación, el tratamiento con fricción, supuso un gran avance que tuvo como respuesta una más pronta y mejor recuperación del paciente y la profilaxia de futuras recidivas.

Este cambio aportaba una gran simplificación, al iniciarse, casi de forma paralela, la fase curativa con la recuperadora, con lo que, por un lado se evitaban las restricciones articulares y amiotrofias, típicas de la inmovilización y por otro conseguíamos disminuir en un 50% o más el tiempo total de tratamiento, con lo que el paciente se incorporaba de forma más rápida a su actividad laboral o deportiva.

El Dr. Cyriax supo poner «el dedo en la llaga» y quitarle al masaje esa aureola de empirismo que durante muchísimos años le había acompañado. El, que aglutinó en su persona la especialidad de cirugía y la de ser un gran clínico con dotes de inquieto investigador, consiguió crear las bases para establecer un correcto diagnóstico y aplicar las técnicas adecuadas de tratamiento. Supo demostrar que la fricción profunda aplicada incluso de forma precoz además de conseguir un efecto hiperemizante mejorando el metabolismo zonal, iba a evitar las posibles adherencias y/o fibrosis, con una más rápida y mejor cicatrización del tejido lesionado.

Basados en nuestra experiencia práctica, nos declaramos en auténticos defensores de la fricción profunda Cyriax, entendiendo que la Medicina y la Fisioterapia del Deporte es uno de sus mejores campos de acción. Se realizará por un fisioterapeuta experto, precedida de un diagnóstico correcto, colocando el dedo en el lugar exacto de la lesión y con la técnica precisa. Si a la fricción le complementamos ultrasonido y/o Láser, junto con técnicas de estiramiento ad hoc, el éxito terapéutico está asegurado.

Dr. Jaume Albareda i Llao

Director de la Escuela Superior de Quiromasaje y Terapias Manuales "QUIROTEMA".

BARCELONA

Muchos son los tratamientos manuales utilizados en la rehabilitación y curación de los pacientes, sobre todo de los que sufren trastornos del aparato locomotor en los que a estructuras blandas se refiere, o sea musculosas, tendinosas y ligamentosas; pero, de todas ellas, una de las más utiliazadas por su indudable efectividad, al menos por nuestro equipo terapéutico, es la FRICCIÓN TRANSVERSA PROFUNDA DE CYRIAX, que, a pesar de us más de 50 años de ser elaborada y desarrollada por James Cyriax, sigue estando vigente en toda su extensión. La eficacia de la técnica está altamente probada por los excelentes resultados obtenidos con su aplicación dentro del campo de la Medicina Ortopédica y por supuesto en el ámbito de la Rehabilitación en el Deporte. Son muchos los deportistas que hemos recuperado con dichas técnicas y siempre la base del éxito se ha apoyado en dos premisas:

* Diagnóstico preciso

* Rigor en la aplicación de la técnica

Nos hemos ceñido a los principios en los cuales se ha basado Cyriax en cuanto a intensidad de la presión ejercida, tiempos de aplicación y frecuencia de los tratamientos, si bien en determinadas ocasiones, en los ensayos realizados, hemos variado los parámetros relativos a los tiempos y frecuencias de aplicación debido a necesidades de tipo operativo del Centro de Rehabilitación o bien por puro instinto investigador, han dado como respuesta resultados sorprendentes tanto en sentido positivo como en el negativo.

En cualquiera de los casos, ha servido para aumentarnos la experiencia en la técnica y para reafirmarnos en el convencimiento de que no sólo es una técnica necesaria sino que es totalmemnte IMPRESCINDIBLE en el Masaje Terapéutico y Deportivo.

BIBLIOGRAFIA

CANAMASAS IBAÑEZ,S. «Técnicas manuales: masoterapia» (Segunda edición). MASSON-SALVAT MEDICINA. Barcelona 1993

CYRIAX,J. 1980. Clinical applications of massage. In: Rogoff, J.B. (ed). Manipulations, traction and Massage (2nd ed.). Willians & Wilkins, Baltimore.

CYRIAX, J. 1955. Deep massage. Physiotherapy 63:2:60-61

CYRIAX, J. TEXTBOOK OF ORTHOPAEDIC MEDICINA. TREATMENT BY MANIPULACTION MASSAGE AND INJECTION. Ed. Panamericana. Buenos Aires. 1973

CHAMBERLAIN,G. Cyriax's friction massage: a review, J. Orthop. Sports Phys. Ther. 4(1) 16-22. 1982

HOVIND,H.,Nielsen, S.L. 1973. The influence of massage on circulation in muscles. Ugeskr Laeger 135 (39): 2.090-2.092

JAUREGI, A. y Cols. MASAJE EN EL DEPORTE. Primer Curso, 1989 Bilbao.Diputación Foral de Bizkaia. 1990

KENDALL, H.O. y Cols. MUSCULOS ,PRUEBAS Y FUNCIONES Barcelona. Editorial JIMS, 1974.

LICHT,S. Masaje Manipulación y Tracción. Ed. Toray. S.A, Barcelona. 1973

MÜLLER, E.A., et al. 1966. The effect of massage on the efficiency of muscles. Intz Agnee Physiol 22:240-257

PAIKOV, V.B. 1986. Means of restoration in the training of speed skaters. Sport Massage J 2(4). 14-22

PESHKOV,V.F. 1981. The effect of 10 minute restorative point massage of the functional state of young gymnasts. Teonya i Praktika Fizicheskoi Kultury 12:35.

PHATGH, R; PERRY, P. A Fireside Book by Simon and Schuster, Inc. FIRS FIRESIDE EDITION. New York, 1986

RIDULFO, G. «Movilizar la lesión en profundidad». SPORT-MEDICINA, número 12. Nov-Dic. 1991

ROGOLFF, J. Manipulation, traction and massage, ed. 2, Baltimore, 1980. Williams & Wilkins.

TROISIER, O.; STROHL, A.; MEZIERE, A; DEVOS,S. Massage Transversal Profond Encyclopédie Médico Chirurgicale París. 26133.

VAZQUEZ GALLEGO, J, y Colbs EL MASAJE TERAPEUTICO Y DEPORTIVO (Cuarta Edición) Capítulo XI Editorial Mandala. Madrid. 1993

EL MASAJE DRENAJE LINFATICO MANUAL

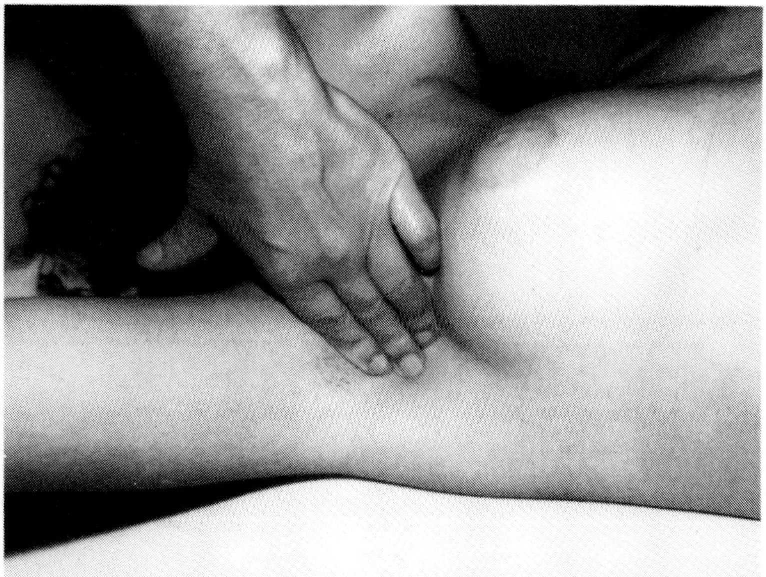

Dr. J. Vázquez Gallego   Dña. María Expósito

MANDALA
ediciones